孩子 我只是你翼下的风

家庭教育作家成墨初的亲子手记

成墨初 / 著

华龄出版社

责任编辑：潘笑竹　李　杨
责任印制：李未圻
封面设计：图者图语

图书在版编目（CIP）数据

孩子，我只是你翼下的风／成墨初著. —北京：

华龄出版社，2013.9

ISBN 978-7-5169-0337-7

Ⅰ. ①孩…　Ⅱ. ①成…　Ⅲ. ①家庭教育　Ⅳ. ①G78

中国版本图书馆CIP数据核字（2013）第211116号

书　　　名：孩子，我只是你翼下的风

作　　　者：成墨初　著

出版发行：华龄出版社

印　　　刷：三河科达彩色印装有限公司

版　　　次：2014年1月第1版　　　2014年1月第1次印刷

开　　　本：720×1020　1/16　　印　　　张：15

字　　　数：200千字

定　　　价：22.50元

地　　　址：北京西城区鼓楼西大街41号　　邮编：100009

电　　　话：84044445（发行部）　　传真：84039173

网　　　址：http://www.hualingpress.com

独立是家长给孩子的最好礼物
FOREWORD

冰心曾说过："有了爱就有了一切，没有爱就没有世界，但是有时候母亲的爱并不是健康的，反而害了子女。"家长对孩子过多的关注和溺爱，会约束孩子的手脚，剥夺孩子的独立，影响孩子的发展。

但是，提到对孩子放手、给孩子自由的问题，家长们总会反问：外面的世界复杂混乱，而孩子人生经验太少，他们不能应对怎么办？遇到坏人怎么办？学坏了怎么办？被欺负了怎么办？……

因为这样那样的担心，家长们无不想着为孩子安排好一切，哪怕自己再苦再累。实际上，这是家长们一厢情愿的想法和做法。这种做法，不仅苦了自己，也害了孩子。

独立是孩子健康成长的前提。从孩子出生那天起，家长就应该开始培养孩子的独立性。从生活小事着手，慢慢地培养孩子的独立意识、独立人格、独立习惯、独立能力。之后，孩子才可能拥有独立的人生。

不肯放手的家长，往往也都比较强势。家长越强，孩子会变得越弱。强势家长"保护"下的孩子，往往具有这样的共性：缺乏主见、依赖性强、懦弱胆小、缺乏意志力、个性和心智发展不完善……这样的孩子长大后，在生活、事业、人际和家庭等各方面，会问题百出。

在孩子面前，家长要主动示弱，学会放手，把成长的机会交还给孩子。

今天，你放飞了孩子，尽管孩子的翅膀还很幼嫩。但历经风雨后，孩子必将飞得更高，飞得更远。

分离和爱同样重要。分离后，你的爱，仍会与孩子一生同行。

成墨初

2013 年 9 月于石家庄

目录
contents

Chapter1
做父母是一种修行

Chapter2
给孩子一个快乐的童年

Chapter3
好的关系胜过任何教育

Chapter4
别让爱阻碍了孩子成长

Chapter5
用爱浇灌孩子的心灵

Chapter6
爱孩子，请把孩子推出门

Chapter7

成长是个"试错"的过程

做父母是一种修行

等待你慢慢长大

暗含期待效应

镜子摔碎了

我很重要吗？

我家「领导」不凶

我呸！

打是亲，骂是爱

没有丢失的夜光镯

门的故事

做孩子的「镜子」

练琴一点都不好玩

你喜欢的，我也喜欢

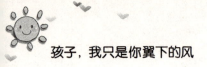

等待你慢慢长大

生活中，孩子能够尝试的事情很多。由于不熟练，孩子总会不断地犯错，总会在原地打转。看到孩子艰难笨拙的样子，父母一定要忍住插手的冲动。或许，孩子多花了五六倍的额外时间，但这个花费是值得的。孩子在这段时间里，遇到了多少次挫折，有多少失落，又有多少次雄心再起，这些心路历程最珍贵。

一次，桐桐在玩拼图，我在一旁看。她是对着图来拼的，这样，她得一块一块找，然后再组合。错了，拿下来，再换另一块。桐桐毕竟小，我在一旁早就看出来了，应该放哪一块，她就是看不出。桐桐一块一块试着，每失败一次，她就失望一次，叹一口气。

我听着桐桐唉声叹气，又看看她的小苦瓜脸，心痒难耐，几次欲言又止。最后，我实在看得难受，就走出房间，留桐桐继续奋战。

终于，我听到了一声欢呼："哈哈，原来是这个呀，我可找到了。"听桐桐这样说，我也开心地笑了。

桐桐喜欢玩拼图和积木，每当这个时候，我总会把妻子支开。只要她在场，她总喜欢遥控桐桐，"哎，黄花那一张，对啦"，"有鸟的那一个，鸟在左边放"……当然，桐桐也高兴，她能迅速就拼好一张大图，但是，这不是她自己努力获得的。

其实，生活中，孩子能够尝试的事情很多。由于不熟练，孩子总会不断地犯错，总会在原地打转。哪怕是放好一张凳子，在孩子那里，也是一个艰巨的工程。看到孩子艰难笨拙的样子，父母一定要忍住插手的冲动。

或许，孩子多花了五六倍的额外时间，但这个花费是值得的。殊不知，孩子在这段时间里，遇到了多少次挫折，有多少失落，又有多少次雄心再起，这些心路历程最珍贵。更重要的是，当孩子终于成功了，这种成功的喜悦感，会直接激发出孩子的自信。

一个有自信的孩子，正是在一次一次的尝试中，一次一次的成功下，慢慢变得自信满满的。如果父母插手了，训斥了，否定了，代替了，孩子就只会获得失败感，慢慢走向自卑。

桐桐第一次对我说："爸爸，我穿。"我便安静地走到旁边，看着她焦急而笨拙地扣着扣子。她要失败五六次，才能成功扣住一个。我耐心地等，不催她，随手收捡一些衣物，给她完全自由的尝试空间。桐桐成功穿好了衣服后，我马上说："真棒呀，扣子全扣对了，一点也没错，进步了。"

就这样，一天天，桐桐会的越来越多了。当她样样拿手时，会变得非常自信。尤其是和别的孩子比，别人不会她会时，她的胸膛挺得高高的。

有一天，桐桐回家说："爸爸，丁丁今天睡完午觉后，怎么也系不上鞋带。大家都出去了，他还在床边系。最后，丁丁生气了，把鞋子脱下来扔进厕所了。后来，他只能光着脚上课，直到鞋子干了才穿上。"

我说："是吗，那丁丁肯定沮丧极了。"

桐桐说："是呀，最后，他都哭了。"

我说："你呢，都没有问题吧？"

桐桐骄傲地说："爸爸，我是最快的一个。"

等待是有成效的，越愿意等待，孩子就越能干，越有自信。所以，孩子在尝试某事时，一旁观看的父母别太焦虑。看着孩子一次次失败，败在小细节上，也要忍住别插手。再心急，也要学会等待，当孩子亲手收获成功时，等待就结果实啦。

暗含期待效应

> 孩子从小把父母视为学习上的蒙师，德行上的榜样，生活上的参谋，感情上的挚友。孩子做任何事情，无论大小，最渴求的就是父母的信任和支持。父母的信任是一种压力、重视和鼓励，是真正触动孩子心灵的动力。

我们楼下有个小卖部，出售一些烟酒、冷饮、零食之类的日用商品。

有一天，一位朋友来找我，我和他聊得很开心。这时，桐桐跑过来说想吃雪糕，妻子和母亲都不在家，我又脱不开身。

我对桐桐说："爸爸要陪客人聊天，想吃雪糕的话，自己到楼下买好不好？"桐桐听了我的话，有点犹豫。她还没有一个人去买过东西，平时都是我或妻子带她去买零食。我继续说："就是爸爸平时带你去买雪糕的那家商店，记不记得？"她点了点头。于是我给了她五元钱，又嘱咐了两句，她便下楼了。

不到五分钟，桐桐就上来了，手里拿着雪糕和找的零钱。我看到桐桐的脸上洋溢着自豪的表情，就像打了大胜仗。当时，她三岁半左右。

此后，我常常委托桐桐帮我做事。比如去报亭买报纸，从邮箱里取她的杂志，给邻居送东西等。每次接到任务，桐桐都会认真对待，努力把事情做好。一来二去，我发现，桐桐的责任心增强了，自信心也增强了。

有一次，一位妈妈对我说，她五岁的儿子想独自去书店买书，她想都没想就拒绝了，觉得儿子简直在胡闹。她说，儿子被拒绝后非常失望，几度哀求她，但她没有动摇。这位妈妈觉得，这么小的孩子，独自去买书，是不能相信的。

教育史上，有一个实验叫"暗含期待效应"，就是说信任孩子，能够产生教育的奇迹。父母通过不经意的表扬，一次小小的鼓励，将"期待"传递给孩子，孩子会自觉地朝"期待"发展。父母善于利用这种信任，就能不断激励孩子成长。

班上要选举班委了，桐桐征询我的意见，问我："爸爸，你看我选什么好呢？我能行吗？"

我说："你自己想一想，你最想当什么，条件又很适合？"

桐桐说："我觉得是学习委员，我喜欢读书，常组织同学搞读书会，有优势。"

我说："那你就选这个吧！"

桐桐说："我能行吗？"

我说："行的，爸爸觉得你有这个实力，好好准备吧。"

桐桐只是焦虑，这种时候，她希望得到爸爸的支持。

孩子从小把父母视为学习上的蒙师，德行上的榜样，生活上的参谋，感情上的挚友。孩子做任何事情，无论大小，最渴求的就是父母的信任和支持。

孩子渴望得到父母的信任，他们认为，只有父母的信任才是真实、可靠的。父母的信任是一种压力、重视和鼓励，是真正触动孩子心灵的动力。

桐桐不去问同学，也不问朋友，而选择了问我，她其实是想得到我的信任和支持。爸爸支持她，她就会更有勇气和力量去参加竞选，更加相信自己的实力。

生活中，桐桐只要遇上重大的抉择，都会来征询我的看法。我只是给她建议，引导她如何去做，给她信任，相信她能做好。当然，有了我的信任支持，桐桐成功完成了许多事。小到买东西，大到择校，她都是自己来决定，她次次都没让我失望。

镜子摔碎了

最佳的教育手法，是要先赢得孩子的心，然后才是让教育生效。如果，父母始终是父母，没有朋友的姿态，孩子就会抗拒说教，把父母拒之门外，这样，再好的道理，也只是耳边风，把父母的良苦用心也一吹而过，岂不可惜？

有一次，桐桐犯了一个小错误。她失手打碎了妈妈心爱的小镜子。妻子气坏了，训她："你净添乱！以后不准碰我的东西了。"

桐桐很委屈，她只是想臭美一下，翻翻妈妈包包里的用品，看有没有她喜欢的。口红、护肤品，她都不稀罕，唯独这面小镜子，精巧玲珑，桐桐便拿在手里玩。谁知，一失手，镜子摔碎了。

桐桐见妈妈真生气了，就躲到自己屋子里哭去了。妻子训斥后，桐桐就对妈妈敬而远之了。

一时间，妻子又不适应了。她问我："我很凶吗？桐桐怎么不爱搭理我了。"

我笑着说："你不仅凶，而且权威。她犯错了，你就训；你犯错了，她没辙。"

妻子苦笑："我有那么糟吗？我挺爱她的。"

我说："你这么想，可惜桐桐不这么想。"

吃完晚饭后，桐桐拿来一本书说："爸爸，我们来讲故事玩吧！"

我说："好啊，我们一人编一段吧。"桐桐点头。

每次轮到我讲时，我就故意乱说，毫无逻辑地编。其实，我是在模仿桐桐，她的水平不高，常常会这样编故事。桐桐马上发现问题了，她说："爸爸，你编得真差劲，就像胡说八道，真是差极了。"桐桐在说这些话时，表情和声调都很夸张，显然，她对我的表现极不满。我却故意要赖皮，说："凭什么呀？爸爸编得很棒，要不然我们找奶奶评理去。"桐桐说："评就评。"

奶奶很公平，每次都判定，是我在"胡说八道"。桐桐得到结论后，很得意，哈哈大笑。

我用这种无赖的手法，赢得了桐桐的心。桐桐喜欢和我聊天，她什么都说，毫无顾忌。有时候，她又不小心弄坏了妈妈的东西，就悄悄告诉我。我答应她，一定会保密。

我说到做到，桐桐也十分信任我，我和她成了好朋友。我陪她玩，陪她疯，陪她一起犯傻。结果就是，桐桐一点都不怕我。只要她觉得有理的事，就和我据理力争，我也乐意奉陪。

我们这样，妻子却看不惯。她说："我看桐桐都快爬到你头上做窝了，简直是无法无天了。"

我反问："为什么她就不能这样呢？只因为我是爸爸吗？"

妻子说："她一点都不怕父母，我们怎么管教？"

我说："我不做凶爸爸，你可以继续做凶妈妈。只是，你别羡慕我和桐桐关系好就行。我从来不想管教她，只希望她能把我当朋友。"

听到我们争执，桐桐出来了。她说："妈妈，你还生小镜子的气吗？桐桐以后不乱翻东西了。你别训爸爸了，他会难受的。"桐桐说完这句话，妻子就没话了。

妻子看着桐桐，她对自己恭恭敬敬的，比起刚才和我闹腾的样子，完全不同。至少此时，在桐桐的眼中，妈妈是很凶的，爸爸和她一样，是被妈妈训的，很可怜。

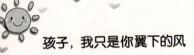

　　我看着妻子，得意地笑了笑，暗示她：我赢了，我没说错吧？

　　其实，父母想和孩子打成一片，就不能摆架子，高高在上。你能陪孩子一起胡说八道时，你也就不再是家长，不再是个惩罚者，而是一个可以陪他一起嬉笑怒骂的朋友。

　　最佳的教育手法，是要先赢得孩子的心，然后才是让教育生效。如果，父母始终是父母，没有朋友的姿态，孩子就会抗拒说教，把父母拒之门外，这样，再好的道理，也只是耳边风，把父母的良苦用心也一吹而过，岂不可惜？

我很重要吗？

孩子还不懂，成长是自己的事，一切自身的活动，为的是自己，而不是为父母。过度的关注，让孩子失去了成长的动力，被父母推着走。

小区里有一对双胞胎，叫大龙和小龙。两个孩子时常结伴而出，结伴而归，形影不离。只要两人出来了，总能迅速吸引路人的目光。同样的个头，同样的衣服，同样的面孔，双生子在常人眼中，带着点儿神秘。我也喜欢观察他俩。大龙性格有点内向，小龙很活跃。

当时，孩子们流行玩滑板，他俩是男孩子，也十分喜欢，正好，桐桐也喜欢滑板。每次我陪桐桐到广场玩，目光总喜欢停留在这对双生子身上。

我发现，两个孩子都学得很快，滑得很好，仿佛在暗暗较着劲。相比较其他孩子，他俩的滑板技术是相当好的。

同时，我还发现了一个现象。别的独生子，总是有好几个大人跟着，一边指导，一边防护，很怕孩子受伤。可是，这些孩子常跌倒，学得也慢，胆子还特别小。

相反，这对双生子就没有父母陪伴。他们兄弟俩相互为伴，相互探讨技巧。当然，摔倒是常有的事，但他们从不哭，总是拍拍灰马上就爬起来了。

有一次，小龙想冲上一个斜坡，结果从斜坡旁的阶梯上摔了下来，他直接翻倒，从阶梯上滚了下来。大龙赶紧赶过去，看到弟弟的裤子里渗出了血。

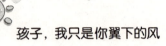

大龙说："你等着，我帮你回去拿药水、纱布。"弟弟表情很镇定地说："没事，你快去吧。"

周围一些大人和小孩子围了过来。有一位阿姨说："小龙，快回家吧，让你妈妈带你去医院，小心得破伤风呢！很严重的。"小龙却说："阿姨，没事。我妈妈周日去做兼职了，不在家。我常受伤，都是自己处理的，一点事也没有。"

不一会儿，大龙拿着东西过来了，他帮弟弟擦好消毒药水，还用纱布包了一圈。

我出于好奇，问："大龙，这是谁教你的，还挺专业的。"大龙说："有一次，弟弟受伤了，我去问妈妈，妈妈说这样做就可以了，我俩就都学会了。"我听后点点头。

我平时苦心地教桐桐，终于让她有了一定的独立性。但是，桐桐和大龙、小龙比，还是不太独立，对我和妻子有依赖性。

我时常鼓励桐桐自己来，我知道，如果我不精心引导，桐桐的许多自理技能也是零。但是，大龙和小龙显然没有被精心引导过，他们是自发的学习自我管理，显得很独立。

他俩的父母要同时抚养两个孩子，平时工作很忙，用来关注大龙和小龙的时间少。两个孩子相互作伴，一起玩，一起学，相互间良性竞争，都变得很独立。一般是，哥哥会的东西，弟弟也要努力学；弟弟会的，哥哥也不落后。

有一次，碰到了两个孩子的妈妈，她对我说："哥俩都很听话，让我很省心，我也常夸他俩。"我听后，想想两个孩子的表现，才发现，问题不在孩子身上，而是孩子身上所受的关注度。独生子难免被过度关注，父母喜欢给孩子更多的期望，帮他安排生活。结果，孩子认为，自己所有的活动，都是"你们要求的"。

孩子还不懂，成长是自己的事，一切自身的活动，为的是自己，而不是为父母。过度的关注，让孩子失去了成长的动力，被父母推着走。

大龙和小龙与独生子不一样，父母的关注不是唯一的，而是两个一起关注。这样一来，两个孩子都会觉得，成长是自己的事，所以相互比对着学习，一同要求进步，这也就是双生子比独生子独立自主能力强的原因。

有一次，桐桐感冒发烧了，妻子和我请假在家照顾她。奶奶也忙着给桐桐准备饭菜。桐桐看到一家人全围着她，她问："怎么都不上班了，我很重要吗？"

妻子说："桐桐，快睡吧。你是宝贝，当然最重要啦！高烧很危险的，必须要重视，你还小，妈妈很担心。"

我走了出去，有点儿自责。我总是对自己说，要"放手"，可总会情不自禁地过度关注桐桐，看来还是我错了。桐桐的独立性不及双生子，也许原因正在这里，我给桐桐的关注，并不都是正确和必需的。

独生子在家庭中，不是缺少关注，而是关注多得泛滥成灾了。关注太多，就成了溺爱，孩子的自我管理能力、独立性都大大下降。如果不能给孩子正确的关注，还是少给一点这类关注吧！

上午，我们陪桐桐打完针后，就把她安置在家，交给了奶奶。下午，我和妻子都回单位上班了。

我家"领导"不凶

> 我喜欢做桐桐的朋友，了解她的心思，但我从不附和她，不会一味满足她的各种需求。我的爱是有原则的，妥协也一样，必须处在培养她良好品德的安全线以内，否则就变成了溺爱和纵容。

一次，朋友问桐桐："你们家，爸爸是什么，妈妈是什么，你是什么？"

桐桐说："我们家，爸爸是领导，妈妈是管家，我是小主人。"

朋友问："你最怕谁？"

桐桐说："我怕管家。"

朋友好奇地问："爸爸是领导，肯定很权威很霸道，你怎么不怕领导呢？"

桐桐说："他这个领导，不是凶的那个，是带着我做事的那个。我不怕他，我还常和他讲理呢，如果我说得对，他会向我道歉。"

朋友惊讶地问："是吗？那我看他像朋友，不像领导。"

桐桐说："不，他就是领导。"

桐桐之所以这样说，是因为我常告诉她，爸爸要做一个领导，始终走在桐桐的前面，把她带到更好的地方去。我说得多了，她也认可我做领导了。

很多时候，我是桐桐的大玩伴，是这两个"孩子"中的"孩子王"。刚开始，桐桐年纪小，为了博得她的芳心，让她把我当朋友，我常常陪她胡说八道。我们两个人讲故事时，她一句，我一句，最后她开始胡说八道，我也是。桐桐发现后，笑话我讲得不如她，一来二去，我就成了桐桐的死党。

　　桐桐犯错误时，我会引着她发现错误，然后自己反省，改正错误。有时候，她错得太离谱，我也会批评她。这个时候，我的身份由朋友变成了领导。领导和家长是有区别的，领导更人性化，理性化，注意批评的语气和言辞。

　　妻子时常做家长，我不在家，桐桐犯错后，她会毫不留情地训人。桐桐被训过后，对妻子有一种恐惧感。我也批评桐桐，批评之后，桐桐知道错了，但并不怨我。

　　有一天，我问桐桐："如果爸爸只做你的朋友，好不好？"

　　桐桐说："好。"

　　我说："那你犯错了，爸爸也不说你，让妈妈来说，好不好？"

　　桐桐马上说："不好。我要爸爸说我，我不要妈妈说。"

　　我又问："那你的错事，爸爸都不管，都满足你的要求，好不好？"

　　桐桐想了想说："不好，我会变成坏孩子的。桐桐不要做坏孩子。"

　　我笑了，对她说："爸爸知道了，爸爸就做爸爸，是不是？如果桐桐错了，爸爸会给你指出来，你改正了，就成为好孩子了。"

　　桐桐听明白了，她搂着我说："好，你又做我的朋友，又做我的爸爸，这样最好。"

　　的确，父母对孩子负有教养的义务，对于孩子的行为，不能一味地附和，要时而像个父母，时而像个朋友。父母完全像朋友，没有领导的风范，不利于教养孩子；父母太像家长，处处说教惩罚，同样不利于教养。

　　妻子是家长的代表。只要发现桐桐错了，妻子马上就想说教，而桐桐时常不买账，所以母女间常爆发小战争。最终，在桐桐的哭闹中，妻子的说教以失败收场。

　　我喜欢做桐桐的朋友，了解她的心思，但我从不附和她，不会一味满足她的各种需求。我的爱是有原则的，妥协也一样，必须处在培养她良好品德的安全线以内，否则就变成了溺爱和纵容。

我呸！

小孩子都喜欢模仿新奇的事物，这是好奇心。无论好的、坏的，只要吸引他们，孩子都喜欢模仿，家长只要教他们明辨是非就行了，不用太紧张。

有一次，我带桐桐去广场玩。桐桐一眼就看到了丁丁，她跑过去，要牵丁丁的手。丁丁手一甩，说："我呸！谁要你牵。"桐桐是第一次听说"呸"，觉得很新鲜，就跟了句："我呸！就要牵。"然后，两个小孩子就笑成了一团。

丁丁在前面走，桐桐跟着，他俩到了草坪上。丁丁不小心摔了一跤，大喊："啊，好疼啊。"其实也没那么疼，是丁丁故意夸张的。桐桐觉得有趣，也顺势一倒，大喊："啊，我也好疼啊。"

丁丁见了，说："桐桐，真没意思，你是小尾巴啊，怎么老学我，我不和你玩了。"

桐桐一听，马上争辩："我才不做小尾巴。你看我，我会翻叉。"说完，桐桐就在草地上翻了一个，站起来说："你会吗？"

丁丁马上说："这么简单，谁不会啊？"

但丁丁真的不会。他站好后，有点害怕，就是不敢翻。桐桐见他紧张的样子，开始笑。桐桐说："丁丁，你快点呀，快点呀。"

丁丁想了想，眼睛一闭，向下翻去，结果非常不成功，只是手着地，脚根本没立起来。桐桐在一旁笑着说："丁丁你骗人，你不会翻叉，你看我。"

说完，桐桐又成功地翻了一个。

这下把丁丁惹急了。他开始在草坪上苦练翻叉，翻了一个又一个，但都不太好。桐桐像个小老师一样，一直在旁边指导，时而自己也翻一个。

突然，桐桐想到了什么，她说："丁丁，你也是我的小尾巴。"

丁丁一听就生气了，他说："我干嘛学你啊，我在学别人，反正就不是学你。"

看到两个孩子的斗嘴，我发现，孩子间喜欢相互模仿，这模仿也意味着分享和交流。他们不但模仿别人，也希望别人模仿自己。孩子间这种有意识的模仿，其实正是社会化的开端。孩子不仅模仿好的，也模仿坏的，是非观很模糊，完全凭个人喜好。

晚上，妻子喊桐桐吃饭，她却要看电视，妻子多催了几句，桐桐突然来了句："我呸！我现在就不吃。"

妻子反应过来后，脸色马上变难看了。她走过去说："桐桐，你刚才说什么？你给我再说一遍！"桐桐看着妈妈的脸色，吓得不敢说了，她惶恐地看着我。

我走过去说："上午跟丁丁学的，她都不懂是啥意思呢，你干嘛这么生气？"

妻子说："这是脏话，怎么不学点好的，尽学坏的。"

我赶紧说："你别太当真，她就是图一乐，别吓着孩子。"

桐桐马上问："爸爸，这话不好吗？那丁丁他也说了。"

我点点头说："对，这个词是蔑视、侮辱人的意思，不太好。"

桐桐小声说："我不知道。"

我说："没事，桐桐就是图好玩，以后别说了，妈妈也不怪你了，好吧？"

桐桐点点头，乖乖去吃饭了。

妻子有点不满，我拉她到卧室说："孩子的年龄小，道德观未成形，模仿性强，控制能力差，往往凭个人喜好来判断是非。常常是看到别人怎么样，自己就跟着学，难免会有些不当的言行。"

妻子说："那我训训她，不就长记性了，下次她就不敢了。"

我说："她本来是在无知中犯了错，不是故意的，你训她，不是伤害她自尊啦？再说，她才多小啊，我们跟她讲清楚了，下次她就会注意了。"

妻子说："那她不会只学坏的，不学好的吧？我真担心。"

我说："别担心，小孩子都喜欢模仿新奇的事物，这是好奇心。无论好的、坏的，只要吸引她了，孩子都喜欢模仿。我们只要教她辨明是非就行了，不用太紧张。"

妻子说："真这样，我就放心了。刚才她对我说'呸'，我真被吓住了，感觉多粗鲁啊！"

我笑了，说："你是用成人思维来看她了，当然会生气。不过，你刚才反应这么大，肯定又刺激到桐桐了。说不定，她下次还会用在别人身上，验证一下它的力量呢！"

妻子说："那怎么办？"

我笑了，说："没事，这是一种新鲜感和好奇心，等她没兴趣了，我们又常纠正她，她自然就不会再说了。"

打是亲，骂是爱

打骂是一种教育陋习。这种粗暴的教育方式很容易伤害孩子敏感而脆弱的自尊，导致许多孩子越打越皮，越骂越没自尊心，甚至还出现了人格障碍。

今天，桐桐心情很好，原因是表弟、表妹会到家里玩，她又可以让表弟、表妹陪她玩游戏了。她哼着小曲，把自己的屋子收拾了一下，还把玩具都找来放在一个筐里装好。

两个小时后，妻子忙着做菜，表弟表妹们来到了。桐桐兴奋地拉着他俩说："妈妈还没做好菜呢，我们吃点面包就去玩游戏吧。"

屋子里一下子热闹了起来。桐桐领着弟妹们吃面包，大姐模样儿十足。看到她们吃得很香，我就去书房看书了。外面的空间，就交给孩子们。

我看了不到一页，突然屋子外传来了东西打碎的声音，屋子里没有了笑声，客厅里安静得连根针掉下去都能听得到。

我放下书，正准备往外走时，就听到了妻子的尖叫声："哎呀，桐桐，这可是我刚买的茶具呀。"紧接着"啪啪"两声，桐桐"哇哇"的哭声就传进来了。

我急忙走出去，对妻子说："孩子都这么大了，有什么事不能好好说嘛，非得使用暴力才行呀。"妻子气愤地指了指茶具的碎片，说："这套紫砂茶具，可是我大老远从无锡带回来的，一直都没舍得用。现在可好，却被桐桐

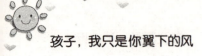

给打碎了，你说我能不打她吗？”

一旁的表弟表妹见状也吓坏了，呆呆地立在一边。桐桐还在哭着，妈妈不解气，又上去打了她几巴掌。

奶奶出来了，她虽然也心疼茶具，但还是帮着桐桐说话，指责妻子不应该打孩子。

这是桐桐第一次挨打，而且还当着表弟表妹的面。她很委屈，也觉得特别羞愧，就哭得更加大声了。我知道桐桐的自尊心受伤了，也没什么好办法，只能任由她好好地发泄。我扭头对表弟表妹说：“你们俩先自己玩吧，等一会儿，姐姐就会来陪你玩。”

桐桐这么一哭，就哭了整整半个小时，我暗自惊叹：桐桐脾气还真大，但也不能怪她，毕竟是第一次挨打。

晚上，表弟表妹都回家了，桐桐也恢复了平静。

晚饭后，我和妻子正在看电视，桐桐居然把电视机关掉了，气冲冲地问妻子说：“妈妈，心里还憋着气吗？我想问你一件事，你不生气我才会说。”

妻子点点头：“我不生气了。你想问什么，就说吧。”

桐桐说：“妈妈，我是你亲生的吗？”

妻子愣住了，半天才说：“桐桐，你这说的是什么话呀，你肯定是妈妈亲生的啊。”

桐桐立马说：“既然我是你亲生的，为什么要对我那么凶。我是不小心才把茶具打碎的，我做错了，你可以跟我讲道理，为什么要当着表弟表妹的面打骂我。你这样做，让我很没面子。”

我听了桐桐这番话，也愣住了。我没想到一个只有五岁的小女孩，今天反倒给我们父母上了一堂亲子教育课。

按照中国的传统观念，父母是可以打骂孩子的。当着众人的面打骂孩子，是生活中经常会发生的事情。我虽然极力反对打骂孩子，但今天却没能拦住正在气头上的妻子。我知道，桐桐的自尊心受伤了。她的痛楚也深深地刺痛着我，让我更加深刻地认识到，打骂孩子是几千年来教育上的痼疾。对于孩子，父母不能动辄打骂，尤其是对小女孩。

我安慰桐桐说："女儿，今天是爸爸妈妈错了。以后，我们不会再打骂你了。有什么事，我们一起讲道理，谁的对就听谁的，好不好？"桐桐对我一直很信赖，她知道我一直都是说话算数的，就点头答应了。

那天晚上，我和妻子也没有再把电视打开，早早地就休息了。我躺在床上睡不着，眼前总是浮现出桐桐那张哭泣的小脸，耳边总是回响着她说的话。

我很自责。作为一个家庭教育的研究者，作为一个父亲，我不应该让伤害孩子的事情，在自己的眼前发生。我决定，准备一期教育讲座，主题就定为：对打骂教育的反思。这也算是我给桐桐的一份忏悔宣言。几千年来，传统教育都倡导"打是亲，骂是爱"，难道事实真的是这样吗？我想，能够回答这个问题的，最好的评判者不是父母，而是孩子自己。

其实，打骂孩子，是教育上的一种陋习。这种粗暴的教育方式很容易伤害孩子敏感而脆弱的自尊，导致有些孩子越打越皮，越骂越没自尊心，严重的还会出现人格缺陷。许多家教的案例中，一些少年离家出走，甚至走上了犯罪的道路，其中都残留着打骂教育的痕迹。

"我是你亲生的吗？"我想，这句话不只是桐桐的质疑。许多经常被父母打骂的孩子，在心里也会默默地念叨着这句话。

没有丢失的夜光镯

如果我当时骂了桐桐，或装作没有看见，任由她留下了那只夜光手镯，我相信，今天桐桐肯定就不会有这么坦然、磊落的胸怀了。

一天晚饭后，隔壁的文文来找桐桐玩。文文双臂上套满了闪着七彩光芒的夜光手镯。她挥舞双臂，手臂上变幻莫测的彩色光芒，闪闪烁烁，十分耀眼。

桐桐看到了，高兴地问："文文，你玩的是什么啊？""夜光手镯！"文文高高地举起双臂，夸张地炫耀着，"我爸爸从商场给我买的！"看着桐桐一副羡慕不已的样子，文文从胳膊上褪下来两个，递给桐桐。然后，两个小姑娘手挽着手走进了卧室去玩耍。

过了一会儿，桐桐一只手腕上套着一个手镯，跑过来问我："爸爸，你看我这样像个小仙女吗？"一边说，她一边伸展双臂做出飞翔的样子。"关上灯，就会更像了。"我笑着说。"对呀，对呀，关上灯，就更好看了！"跟出来的文文随声附和。两人又折回卧室，关掉灯，玩耍起来。

大约四十分钟后，我忽然听到卧室传来文文的哭声，连忙赶过去。原来文文要回家了，把所有手镯收起来，数了数，竟然少了一个。她来的时候带了八个，现在只剩下七个了。小姑娘嘟着嘴，眼泪直流。我马上帮着她们一起找。桌子下，椅子旁，墙角里，都找遍了。真是奇怪！那一个夜光镯似乎不翼而飞了！我偷偷瞄了桐桐一眼，发现她神色慌张。我一下子就明白了是怎么回事——肯定是这个小家伙"见财起意"，给偷偷"私藏"了。看着桐桐手足无措的样子，我思忖着该怎么办。

桐桐从来没有做过这样的事情，这次应该是见了文文的夜光手镯，大约真的是爱的不行了，才会有这样的举动吧。我想她现在肯定是非常紧张、自责，又顾及面子，不肯说出来。我很能理解女儿此时此刻的处境和尴尬心情。

于是，我笑笑，对文文说："不要哭了，你的镯子不是夜光的吗？关上灯找，肯定一下子就看到了。"然后，我扭过头故意问桐桐："是不是啊，桐桐？"桐桐似乎心领神会，马上附和："是啊是啊，你的镯子会发光，一关灯我们就找到它了。"

我关了灯。屋子里变得一片漆黑。在关灯的一瞬间，我看道桐桐悄悄拉开了床上的被子。那个夜光手镯立即出现了。"在床上呢！手镯被被子压住了！"文文欢呼起来，"桐桐，我找到我的手镯了！""嗯嗯，我就说丢不了的嘛。"桐桐说。

重新打开灯，我发现女儿一脸的轻松。我暗自庆幸，自己发现了其中的小玄机，用关上灯这种方式，保护了桐桐的自尊心。

文文找到手镯后回家了。望着文文远去的背影，我在女儿的眼睛里看到了依依不舍。我知道，如果不是平时教育她，拿别人的东西不好；如果不是我提议关灯，给桐桐掀被子的机会，这只夜光手镯现在就属于桐桐了。但这种欺骗得来的东西，我希望桐桐永远都不要拥有。我走过去，拍拍桐桐的肩膀说："爸爸明天一定给你弄到夜光手镯。"

第二天，我到文文家去问文文的爸爸，他们的手镯是从哪儿买的。文文爸爸告诉我是在附近一个商场促销活动中买东西后的赠品。我马上去了那个地方，买下了200多元的商品，领到了六只夜光手镯。

傍晚桐桐放学一进家门，我就神秘兮兮地跟她说："宝贝，我要送你个礼物。"桐桐嘿嘿地咧着嘴笑着："不会是夜光手镯吧？""是的！"我把六个手镯递给她。她也像文文那样把手镯戴到手臂上，然后搂着我的脖子，不停地说："爸爸你真好！爸爸你真好！"我郑重地对她说："孩子，你以后想要什么东西，都直接告诉我。我会尽力来满足你的。"我没有提到前一天的事情，但从她的眼神中，我明白她已经懂了我话中暗含的意思。这六个手镯桐桐一直保管得非常好，还时不时拿出来玩玩。

半个月后，文文又来找桐桐玩，看到桐桐的夜光手镯，惊奇地问："桐桐，你怎么也有这种手镯啊？"桐桐挺起小胸脯说："我爸爸给我买的！"文文说："现在我们的夜光手镯更多了，我们还一起玩吧。"桐桐点点头。

文文回家把她的夜光手镯也带了来。两人又钻进卧室去玩了。她们一会儿扮演小仙子，一会儿扮演老巫婆，叽叽喳喳，边笑边闹，玩得不亦乐乎。

玩了个把小时，文文要走了。文文刚要出门，桐桐追出来喊着："文文你等等，你落下了一个手镯，我这儿多了一个啊。"文文仔细一数，果然少了一个。她接过桐桐递过来的手镯，感激地笑笑，回家了。

看到那一幕，我的心情很是激动。前后相隔不到二十天，桐桐的变化真的很明显。我维护了她的自尊心，她学会了不"私吞"他人的东西。

孩子的任何一种坏习惯或行为，都是从萌芽期发展而成的。在孩子身上的坏毛病刚刚冒出苗头的时候，父母就应该及时纠正。但纠正的手段不能过于简单粗暴，要顾及孩子的自尊和感受。孩子也有自知之明，哪怕才五岁，他也能分辨是非。如果能让孩子认识到自己的错误，孩子也会努力自省并改正。

试想，如果我当时骂了桐桐，或装作没有看见，任由她留下了那只夜光手镯，我相信，今天桐桐肯定就不会有这么坦然、磊落的胸怀了。

我无法预知，在未来的人生道路上，还会有多少类似的人生诱惑出现在桐桐面前，如果没有这次在萌芽期的纠正，我不知道她面对那些诱惑，能不能克制得住自己。想想我都觉得很可怕。幸好我没有鲁莽，在桐桐恶习的萌芽期，我及时制止了它的蔓延。

我相信，在未来的人生里，桐桐一定能够勇敢面对和正确处理那些人生的诱惑。

门的故事

> 孩子的自尊是极其敏感的，他们会极其在乎别人，尤其是父母师长对自己的评价和看法，父母师长对待他们的方式会直接影响他们的自我认知。

一天天气突然转凉，我去幼儿园给桐桐送衣服，在走廊遇到了班主任刘老师。刘老师正在走廊的一扇门上安装弹簧。她跟我解释："天气慢慢变凉了，风也开始多了大了，这扇门总有人不关，那么风就直接吹进教室了。现在安个弹簧，门就能自动关上了。"我点头，说她想的是个好办法。这时候下课铃响了，刘老师邀请我到她办公室去坐会儿。我扬了扬给桐桐带的衣服，她说："没事，我让人把衣服给桐桐送去。"说完，她对一个刚走出教室的孩子说："去把衣服交给桐桐，说他爸爸给她送的。"

刘老师的办公室就在那扇门旁边。我进去跟她一边聊天，一边喝茶。在短短的几分钟工夫里，我们听到十来下"砰"、"砰"的声响。原来，下课的小朋友们，嬉笑打闹，你追我赶，有人经过那扇门时，发现冲开门后，门能被弹簧拉回自动复位，而且还发出很刺耳的声响。大约他们觉得很好玩吧，就故意来回回在走廊穿梭，导致那扇门"砰"、"砰"响个不断。

门第一次响的时候，我看到刘老师吓了一跳。估计是她没有想到孩子们会这么来利用这扇门吧。后来，门每响一次，她都不由自主地皱一下眉。最终她实在忍不住了，走出去对孩子们说："同学们，要轻点关门啊，一来声音刺耳会妨碍别人，二来被门夹伤可就不好了。轻点，轻点啊。"

没有安装弹簧前，小朋友不关门，是不会为他人着想；安上弹簧后，那"砰"的一声，还是小朋友们没考虑到别人。核心问题没解决，是否安弹簧都没有用。

我也走到门口，跟刘老师站到一起。我想看看她怎么解决这个棘手的问题。刘老师看看我，抱歉地说："现在有些孩子真费神，一点小习惯都养不好。"我对她说："也不一定啊，我也看到有些孩子很有礼貌，出入时总是轻开轻关的。"刘老师说："哎，你这一说，可提醒我了，我知道怎么教育这帮小鬼了。"随后，刘老师和我一直站在走廊里，她一边和我聊天，一边在细心地记着什么。

小朋友们不时从那扇门进进出出，有的孩子轻轻关上了门，有的孩子还是有意无意间令门发出那"砰"的一声响。

几分钟后，上课铃响了。刘老师跟我告别后走进了教室。我跟着她走到教室门口，我想看看她会怎么做。

讲台上，刘老师高兴地说："今天，我要表扬以下9名同学，给他们一人一朵小红花，因为他们在走过走廊那扇门的时候都轻轻地关上了门，他们都是懂礼貌、能考虑到别人的好孩子……"接着，刘老师讲述了她课间所看到的一幕，但她省略了一点，她没有提那些"砰"的制造者，甚至没有丝毫批评的意思。

我看到刚才制造"砰"的一声的那些小孩，都不自觉地低下了头。虽然刘老师并未批评他们，他们也觉得惭愧极了。我不由得对刘老师竖起了大拇指。

刘老师教育孩子的事情，让我认识到：孩子的自尊是极其敏感的，他们会极其在乎别人，尤其是父母师长对自己的评价和看法，父母师长对待他们的方式会直接影响他们的自我认知。

所以，当孩子犯错误的时候，父母师长一定要多动脑筋，找到合适的教育方法，来巧妙点醒孩子的错误。这方法一定要温柔、委婉，而不能粗暴和过于直接，否则会给孩子脆弱的心灵造成伤害。

我一直认为幼儿园的教育对孩子很重要，所以在选择时，我替桐桐精挑细选。桐桐五岁了，除了在家，多半时间在幼儿园，她的另一个直接教育者就是老师。

当时，我第一次见刘老师，我们就长谈了一次。她的许多教育理念和我不谋而合，她提倡赏识，提倡爱与自由，觉得孩子是最神奇的事物。更重要的是，我从她的眼中看到了对孩子的爱。所以，我放心地把桐桐交给了她。

看了这段小插曲，我知道，自己的选择没错。

我那天刚好没事，而桐桐还有一节课就放学了，我就在教室外看刘老师上课，好等桐桐放学后一起回去。

很快就放学了。孩子们陆续冲出教室，当他们走过那扇门的时候，无一例外地，都是轻开轻关，门再也没有发出"砰"的响声。

桐桐也出来了，我赶紧迎上去。当我们经过那扇门时，她轻轻地打开，还对我说："爸爸，你要小心点哦，别碰着鼻子了。"我赶紧拉住门，笑着说："好的，桐桐能保护爸爸了。"我跟着她出了门，随手轻轻关上了弹簧门。

回家的路上，我问桐桐："宝贝，你觉得你们刘老师怎么样？""她啊，是我们全班人的偶像呢！"桐桐回答。我问："为什么？"桐桐说："她对我们可好了，她是我们的好朋友。我们喜欢她，爱她。"

听到这里，我才发觉，父母为孩子做一个正确的选择，为她选一所好的幼儿园，也是爱的延续，是让爱在校园里继续蔓延。

孩子的教育离不开学校教育，学校是孩子的另一片天地。好的学校，好的老师，才能启发孩子的美好心灵，雕刻出孩子美好的未来。

做孩子的"镜子"

孩子犯错误，就像被蚊子叮了一口，你越是帮他挠，好得越慢。人是有自我反省能力的，只要父母说出错误的弊端，让孩子认识到问题所在，他就能自我修正，这就像照镜子一样。"

每当桐桐犯错误的时候，妻子总是很生气，恨不得狠狠地教训她一下，让她一次记住，以后永不再犯。可是，妻子的做法并没有收到预期的效果。

一次我外出回家，桐桐搂住我的脖子，委屈的眼泪吧嗒吧嗒直掉。我一看就明白了是怎么回事。连忙安慰她："是不是你妈妈又骂你了？"桐桐连连点头。她说："爸爸，有时候我真的很怕妈妈，看到我有一丁点儿错误，她就会变得好凶。"我问："那她凶过后，你知错了吗？改了吗？"桐桐说："我只顾着害怕，都忘了是怎么错了。"

大多数家长都不知道：一般情况下，孩子被打骂后，记忆最深刻的不是如何错了，而是如何被骂了，如何被打了。一次打骂，给孩子的伤痕记忆，能持续很长时间，有的甚至是终生的。

太多的父母在做"驯兽师"，拿着批判的皮鞭无情地抽向孩子，希望孩子变乖点，能长点记性，不再犯错。殊不知，这样的做法正是在毁掉孩子。

还有一次，我出差两周回家后，觉得桐桐的表现有点反常，但一时也说不清哪里反常，我只好慢慢观察。

妻子说："桐桐，过来吃饭。"桐桐马上跑过来坐到饭桌前。

妻子说："多吃肉，少吃点咸菜。"桐桐立即放下爱吃的咸菜，夹起一块肉。

吃晚饭了，妻子说："把这些餐余垃圾丢出去。"桐桐毫不犹豫，收起垃圾，出去了。

晚上，妻子说："桐桐，别看电视了，快去睡觉！"她又马上关了电视，乖乖地回屋了。

我看到这一幕幕，非常惊讶，悄悄问妻子："桐桐什么时候变得这么听话了？"

妻子得意地说："怎么样？你瞧我把这孩子管的，又听话又乖，可比你这搞教育的强多了。你看看咱这孩子的表现，就是最好的证明。"

我问："你又训她啦？"

妻子脸一红，低声说："就训过几次，不过……"她提高声音，"不过，你看她现在多听话呀，让干什么就干什么，又省心又省事。"

我说："你是轻松了，她却不轻松了。你这个妈妈，都快成'驯兽师'了。"

妻子不悦地说："我就是训几句，又没有打她，有那么严重吗？谁家的孩子不挨训啊？"

我说："你为什么要训她？"

妻子说："为了让她改正错误。我可完全是为了她好。"

我说："难道你觉得用这种方式对待孩子很好吗？"

她回答："这样方便，省事，见效！"

我说："你这是愚昧。你这样做实际上是剥夺了她的自我和成长，你用你自己的意志强迫性地代替了她。这会让她很受伤的！"

妻子不服，最后说："那好吧，我以后不管她了，看你管吧。"

我说："行，没问题，你就看我怎么管吧。"

不久，桐桐再次犯错。她谎报自己的考试分数，多报了20多分。妻子知道后，气得脸都绿了。由于事先有约定，我制止了妻子的发作，说让我来找桐桐处理这件事。

晚饭后，我约桐桐一起去散步。明显地，我能感觉到她有点不安。

在绕小区走了半圈之后，我把话题带到了分数的事情上。我让桐桐将事情原委和她的想法都说出来。原来，妻子事先要求桐桐考进前三名，而她没做到，当时又有上重点小学的压力，桐桐一时害怕，就撒谎了。桐桐撒谎后，又害怕被揭穿，所以更加痛苦。说到这里，她伤心地哭了起来。

我告诉她，谎话就是个坏东西，说了比不说更难受，现在她的感受就是说谎带来的。我还告诉她，一旦说谎了，就会给人不诚实的印象，大家就不喜欢和她交往了。整个过程中，我没有一丝责备，只是让桐桐明白了说谎的危害。

桐桐也认识到，一个谎言要用十个谎言来弥补，这也挺烦恼的。在散步结束的时候，桐桐惭愧地说："爸爸，我错了。说谎也挺累的，我以后再也不这样了。"

回家后，桐桐主动跟妈妈道了歉，并保证以后再也不对妈妈说谎了。

一段时间后，妻子说："桐桐好像真的变了。听小朋友说，她现在说话最算数。"我说："现在你信我了吧？孩子犯错误，就像被蚊子叮了一口，你越是帮她挠，好得越慢。人是有自我反省能力的，只要父母说出错误的弊端，让孩子认识到问题所在，她就能自我修正，这就像照镜子一样。"

当然，生活中，还是有很多父母愿意当"驯兽师"，不愿意当"镜子"。

我只想说，孩子只有认识自己，才能战胜自己。父母若成了"驯兽师"，时刻拿着皮鞭，孩子眼中就只有皮鞭，没有了自己。孩子犯了错，父母要等一等，多和孩子沟通。要做一面镜子，把错误都"反馈"给他。孩子从镜中看见了自己，看清了错误，才能继续成长。

父母的强制性"修正"不仅效果不好，而且容易伤害孩子，给孩子做"镜子"不会伤害孩子，反而能收到理想的成效。

练琴一点都不好玩

孩子也有自己的梦想，父母不能把自己的梦想强加到孩子身上。
孩子不是父母炫耀的工具，他只是他自己。

我有一个爱好，喜欢坐在公园里，观察身边和过往的行人。

有一次，我的旁边坐着两个妇女。在这里，为了好叙述，我就简称她们为甲和乙吧。

甲女士指着一个小男孩说："快看，那个就是我儿子。"

乙看了一眼，笑着说："哟，不错啊，你儿子长得多结实呀。"

甲笑笑："当然啦，我儿子一直在练跆拳道，现在都黑带啦。"

乙瞪大了眼睛，问："是吗？他多小啊，就这么厉害了啊。那长大了，还了得。"

听了乙的夸赞，甲满足地笑着，脸上流露出了无比自豪的神情。

乙说："我们家是个女儿，就是扎小辫的那个。"说完后，用手一指。

甲看了看说："你女儿长得真可爱。"

乙说："三岁时，我就让她练钢琴，现在四级都考过了。"

甲说："真的吗？你女儿太厉害了。"

顿时，两位女士的脸上都露出了自豪的表情。

过了一会儿，两位女士都起身，分别走向了自己的孩子。

甲说："龙龙，时间到了，咱们去练跆拳道吧。"小男孩一脸的不情愿，但是强行被妈妈拉走了。

乙找到了女儿，说："宝贝，咱们去上课吧，别玩了。"小女孩也依依不舍地被妈妈牵着走了。

看到这一幕，我的内心无法平静。虽然我只是一个旁观者，却看见了四个人内心的痛苦和焦虑。两位女士都害怕自己的孩子赛不过别人家的孩子，所以整日都忙着督促孩子学习。两个孩子为了不让父母失望，也被剥夺了童年的快乐时光。四个人都是不快乐的，但是他们的不快乐又成全了谁的快乐呢？我想，答案应该是成全了虚荣心的快乐吧。

父母为孩子感到骄傲，这是一种正常得不能再正常的情感，但是必须要把握好度，拿捏好平衡。如果一味地在别人面前过去地夸耀孩子，只会给孩子带来心理压力和负担，影响孩子的身心健康。

有一段时间，桐桐练琴表现得不错，妻子也是整天笑呵呵的，逢人便说："今天，刘老师又夸我家桐桐了，说她弹得非常好。""老师说了，以桐桐的水平，考级是件特别容易的事情。"……

结果，我去外面办事，总有人跟我说："成老师，你家桐桐真优秀，琴弹得那么好，将来肯定会有出息的。"

有一天，我出去买菜，一路上有五个人向我说起这件事。我一下子有种不好的预感，一定要出问题了。

果然，不到十天，桐桐就爆发了。她哭喊着说："我不要练琴了，练琴一点也不好玩。"听到桐桐这么说，妻子很愤怒，但也十分着急。她已经忙着让桐桐考级了，桐桐却说不练了。

我问妻子："桐桐学琴学得好，你是不是很骄傲？"

妻子说："肯定会骄傲啊，自己的孩子优秀，脸上多有光彩。可是，现在她不想练了，都急死我了，这是怎么一回事呀？"

我说："桐桐为什么要练琴？"

妻子白了我一眼："当然是考级，上重点呀。"

我说："你要去问问桐桐心里是怎么想的，你说的不算数。"

妻子说："我还用得着问吗？桐桐喜欢古筝，所以才练古筝的。"

我说："你心里明白，却没有抓住本质。你拿桐桐炫耀，把考级和上重点的心愿强行地加给她，她心里便有了压力和负担。在练琴时，找不到快乐了，所以就不想练了。"

妻子不服气地说："我是为了桐桐好，没有炫耀。"

我说："这几天，我出门经常有人向我说起这事，不是你说的，还会有谁呢？"

妻子不说话了，也不想和我再争论下去。

我知道，父母之间相互炫耀自己孩子的成绩，已经成为了一种风气。几个父母一碰面，说的都是孩子的成绩和特长，然后就开始相互吹嘘了。从这一点上，父母们的虚荣心得到了满足，却苦了孩子。因为很多孩子是在为了父母的面子而学习，而不是为了自己去学习。

妻子既苦恼又着急，问我："桐桐不能不学习啊，都坚持这么长时间了，不能荒废的。我要怎么办呢？"

我说："先让桐桐喘口气，停一停再说吧。以后，别拿她炫耀了，也别提考级的事。她高兴就练，不想练也别强迫她。"

妻子点点头："只能先这么办了。"

我去找桐桐谈，和她达成了共识：高兴时就练，想学时再去学习。桐桐心里还是很喜欢古筝的，所以她同意了这个提议。

孩子也有自己的梦想，父母不不能把自己的梦想强行加到孩子身上。孩子不是父母炫耀的工具，他只是他自己。

你喜欢的，我也喜欢

> 孩子的成长是个漫长的过程，并不是一次教育的结果。如果父母能提升修养，多培养一些健康的兴趣爱好，就能在日常中给孩子最好的熏陶。

我喜欢看书，也爱买书。去逛书店，发现了好书，我会毫不犹豫地买下来。日子久了，家里的藏书也越来越多。

桐桐从小就喜欢进书房，但是我嫌她吵闹，所以我在工作时是禁止她入内的。可是，小家伙老爱找各种理由闯入禁区。

仔细想想，我们父女俩，有很多美好的回忆，都是在书房里发生的。

有时，她进来找我了，我就会找一本儿童绘本递给她。然后，桐桐坐在窗前看，我在桌前看，静静地，谁也不打扰谁，这一幕很和谐、很美好。桐桐在书房里待久了，对书的兴趣也增加了。我逛书店，她也爱跟着去。并且，她学会了选择自己爱看的书，买回家后，更是拿着就不想放下。

我还有一个习惯，很喜欢亲近大自然。每到周末，我都会组织家人去郊外游玩，呼吸一下新鲜空气，放松疲惫的身心。因此，桐桐虽然是城市里的孩子，对大自然也不陌生。她在郊外、在公园的时间也很多。这样，桐桐也喜欢上了大自然，喜欢亲近它。

有一天，桐桐跑过来跟我说："爸爸，你爱看书，我也是。你喜欢亲近大自然，我也喜欢。好多你喜欢的东西，我也会喜欢。我感觉这好奇怪呀。"

我笑笑："很正常呀，许多孩子都这样。父母喜欢的东西，孩子也喜欢上了，这叫做熏陶。"桐桐说："小米的妈妈是陶艺老师，小米就喜欢陶艺。"我说："桐桐真聪明，就是这个道理。"桐桐说："妞妞的妈妈穿着特别时髦，妞妞也特别爱打扮。"我点点头。

桐桐似乎发现了一个秘密，她发现总能从小朋友的行动中，找到他们父母的影子。桐桐对这个感兴趣，我也在思考。平时我总在想，怎么样才能多给桐桐一些好的生活习惯？现在，我似乎找到了答案。

如果我、妻子和我母亲能多一些好的生活习惯和兴趣爱好，那么就是时刻在给桐桐做最好的习惯熏陶。

我跟妻子讲了我的想法，妻子说："我觉得你说得很对。我早就想锻炼了，明天我就跟同事去练瑜伽吧。"就这样，妻子定期跟同事去练瑜伽，奶奶参加了小区里的秧歌队。桐桐看到大家都忙活起来，也跟着凑热闹，有时跟妻子去练瑜伽，有时就跟着奶奶去扭秧歌。

虽然桐桐没有坚持几天，但她知道，这些活动是很有意义的。而妻子和母亲，一直坚持着练习，把这些活动培养成了自己的业余爱好。

家庭成员的生活丰富了，家里谈论的话题也丰富多变起来。每天，都会有很多新奇事、新观念进入每个成员的耳朵。在潜移默化中，桐桐也爱参加一些文体活动。周末到了，桐桐会要求去游泳，去博物馆看展览，到郊外去写生。跟以前相比，桐桐很少要求去打游戏，去超市买零食了。

孩子的成长是个漫长的过程，也不是一次教育就能看到效果的。如果父母能够提升自己的修养，多培养一些健康有益的兴趣爱好，就能在日常的生活中，潜移默化地影响孩子，改变孩子的思想，给孩子最好的熏陶。孩子在耳濡目染中，会逐渐地向父母的言行、思想、兴趣爱好靠拢，这样，父母在无形中塑造了孩子的品德和习惯，帮助孩子培养了健康的兴趣爱好。

这，就是"身教"胜于"言教"吧。

给孩子一个快乐的童年

拉钩

三岁左右，孩子的自制力和规则意识都在增强。他们渴望独立，也渴望诚信。拉钩这种承诺方式，让孩子有途径确定和保障自己的需求得到满足，培养了孩子的延迟满足能力。

孩子两岁左右，常常最令父母头疼。中国有句俗话叫"三岁、四岁狗也嫌"，就是说此阶段的小孩最难伺候。现在的幼儿普遍早熟，这个年龄段提前了，变成了两岁左右。

妻子当时最怕听到桐桐哭闹，跟桐桐讲道理是在"对牛弹琴"，丝毫不起作用。但是，桐桐的要求，许多都是不合理的，我们没有办法，只能拒绝。

有一次，我和妻子带桐桐逛街。桐桐一见到了五彩的氢气球，马上要求买。桐桐会说："爸爸，你看呀，那是什么呀，那是什么呀？"我时常故意装作看不见，说："哪里呀，哟，那是宣传画。"我知道桐桐在委婉地要求我买气球，她不想直接说出来。

桐桐见我故意不理睬，更焦急地说："不是呀，是那里，那里。"小手直直地指着气球。我又好笑又好气，这个气球，她早就认识了，从《识物》书上就认识了，也不知买过多少次了。桐桐怕我不同意，故意用旁敲侧引的方法，表露出她的心意。我如果坚持不买，快速抱着她走，她马上会尖叫："不，我要气球，就要气球呀。"紧接着，铜锣齐上阵，桐桐开始狂风暴雨，哭闹起来。她敢这样，是因为曾经如此得逞过。现在，她的这种技能更是炉火纯青了。妻子马上败下阵来，掏出钱就买。桐桐得胜回朝。

有过几次战败经验后，我开始研究对策，如何让桐桐禁得住等待，自制力增强，不轻易被诱惑打败。

有一天，桐桐在念儿歌，"金钩钩，银钩钩，说话要算话……"桐桐读得很认真，我突然找到了方法。

又要带桐桐上街了，出门前的晚上，我找到桐桐说："明天，我们去上街，爸爸和你玩拉钩的游戏，如果你不嚷着要气球和糖葫芦，爸爸下个星期就带你去海洋馆玩，好不好？"桐桐早就想去海洋馆了，她想了一下，说："好，我同意。"

我和桐桐开始了仪式。我让桐桐伸出小手指，开始和她一起念儿歌："金钩钩，银钩钩，说话要算话，伸出小手指呀，钩三钩。一，二，三。好了，完成了，桐桐要记住哦。"

桐桐满意地点点头，她相信，她的海洋馆之行，能如约实现了。桐桐第一次念这首儿歌时，我就告诉她，这首歌能许下承诺，双方都要说话算话，很灵的。可惜她一直未真正用过，这次真的拉钩了，桐桐很重视这个约定。

第二天，我们上街了，看到了鲜艳的气球，桐桐竟然忍住了。她只是恋恋不舍地看了几眼，并没有要求买。桐桐守住了她的承诺。在这一点上，我也发现，小孩子最初对诚信是非常重视的。

妻子也笑了，说："桐桐今天表现不错，有点自制力了。"我说："她是真的很想去海洋馆，而且相信拉钩是真的，所以发自内心地来约束自己，表现就很不错了。"

下一周，我也兑现了我的诺言，带她去了海洋馆。桐桐出门后，非常高兴，她认为这是她拉钩的结果。因为，前不久，妻子也答应带她去，却临时有事没去成。桐桐为此很难过，也很失望，她都不愿相信妈妈了。这一次，她和我拉钩，她遵守了她的承诺，我也兑现了我的约定，桐桐很满意。

发现这一绝招后，我和妻子便常用拉钩和桐桐谈条件，效果都不错。当然，我一再叮嘱，要想这个承诺有效，我们大人一定得守约，否则它就不灵啦。

有一次，妻子问："桐桐有点挑食，还赖床，可不可以也和她拉钩啊？"

我说："这可不行，这些是桐桐的生活习惯，是不容易因一个承诺而瞬间改变的。所以，最好别拉钩，拉了也没用，最后，还会让桐桐讨厌拉钩了。"

妻子问："那什么最适合呢？"

我说："一些物质满足上的承诺，或一些她喜欢的活动，这类需求可以和她拉钩。"

我又说："这也只能现在使用，桐桐再大一点，就不听这一套了。"

妻子问："为什么？"

我说："三岁左右，孩子的自制力和规则意识都在增强。他们渴望独立，也渴望诚信。拉钩这种承诺方式，让孩子有途径确定和保障自己的需求得到满足，培养了孩子的延迟满足能力。这时候最有效，一旦孩子长大了，就不愿通过这种方式自制了。"

听到这里，妻子点点头说："那我们得充分利用，对桐桐来说，它现在的确是个好方法。"

水煮鸡蛋

生命是上天给予的最贵重的礼物，尊重生命就是在尊重自己。孩子流露出的爱与慈悲心，就是一种尊重生命的态度。它是一切美德的基础，一切善的根都以慈悲为本。

桐桐特别爱吃水煮鸡蛋。每次，奶奶给她煮好鸡蛋，喊一声："来吃鸡蛋啦。"桐桐就会放下手里的玩具，立马跑来，一把抢过去。

后来，有一次，我带着桐桐到乡下的小姑家里玩。在那里，桐桐第一次看见了孵小鸡。鸡窝里有十来颗鸡蛋，都被母鸡紧紧地护卫着。你一靠近，母鸡还会啄你。直到小姑端着鸡食出来，母鸡才急急地跳下去吃食。

我悄悄地带着桐桐靠近鸡窝，我发现有一个蛋壳破开了一个小洞，露出了一只小嘴。我说："你看，那是小鸡的嘴。"

"那小鸡是不是快要出来了？"桐桐说。

小姑过来了，说："是啊，这只鸡最先啄破了壳，小鸡很快就要出来了。"

桐桐听后，高兴地说："爸爸，让我把壳敲碎吧，那样小鸡就能出来了。"

我摇摇头："不行。小鸡还很虚弱，需要在蛋壳里取暖，吸取营养。只有这样，等它出来时，才会健健康康。你把蛋壳敲碎了，小鸡会失去保护。"

我说这话时，一直在观察桐桐，我发现桐桐的眼睛里流露出了怜悯的眼神。

这时，母鸡吃饱了，又急忙跳上了鸡窝，朝着我和桐桐"咕咕咕"直叫。我赶紧拉着桐桐离开，说："咱们快走，鸡妈妈护蛋是很凶的，它会啄人的。"桐桐被我拉走了，但她心里一直惦记着那只小鸡。

傍晚时分，小姑惊喜地说："桐桐，快来，小鸡破壳了。"桐桐赶紧跑过去，看见小姑手里捧着一只毛还有点湿的小鸡。桐桐一直跟着小姑，看着小姑把它放到了纸箱里，还往纸箱里撒了一点碎米，放了一小碟水。

桐桐笑着说："小鸡太可爱了，原来鸡蛋能变成小鸡呀。"我说："是啊，小鸡都是从鸡蛋里孵出来的。"这次是桐桐亲眼所见，因此她非常认同我的观点。回到家后，我渐渐地淡忘了这件事。

大约两个星期后，奶奶又给桐桐煮鸡蛋了。蛋煮熟后，奶奶大声喊："桐桐，你最爱吃的鸡蛋煮好了，快来拿。"桐桐却没有任何反应，大家很奇怪。

我走进她的房间，看见桐桐在小声地哭。我急忙问："桐桐，为什么哭呀？怎么了？"桐桐揉着眼睛说："我再也不吃鸡蛋了。"我说："你不是一直都很爱吃鸡蛋吗？为什么不吃了？"桐桐抽抽答答地说："爸爸，蛋蛋是一只小鸡。我吃蛋蛋，蛋蛋会疼的。"听桐桐这么说，我马上明白了原因。我给桐桐擦干眼泪，为她解释有些蛋可以孵出小鸡，有些不能。

奶奶看到这一幕，把桐桐搂在怀里说："桐桐真是个善良的孩子。"

生命是上天给予的最珍贵的礼物，尊重生命也是在尊重自己。孩子流露出爱与慈悲心，就是一种尊重生命的态度。它是一切美德的基础，一切的善根都以慈悲为本。

当然，我知道，我可以用科学知识解释，让桐桐明白，鸡蛋是没有感觉的，所以它不会疼。但是，我不想这么说，不想让知识学问框住桐桐的慈悲心。等桐桐长大了，她会自己明白，鸡蛋是不会怕疼的。

等到那一天，她再回想起这件事，就会明白我们的一片苦心了。如果真到了那一天，我相信慈悲心和爱心，都已经在桐桐的心里扎根了。

娇儿要上灶

父母总是怕孩子被伤害、受委屈，避免让孩子体验挫折感。结果，孩子一直被满足，却越来越不满足，不遵守生活规范，脾气急躁，没有耐性。

王阿姨是妻子的同事，她有个儿子叫小迪。三岁左右，小迪成了小霸王，让王阿姨又疼又恼，非常无奈，又很焦虑。

事情是这样的，小迪是家中的独子，王阿姨三十五岁才有了他，一家人对他十分呵护，宝贝得不行。他们家的爷爷、奶奶虽然年纪大了，但疼孙子一点不比父母差。这样一来，一家人疼一个，只要是小迪的愿望，大家都争着为他实现。大家不想看到小迪不开心，怕他受委屈，更怕他有挫折感。

王阿姨说，有一次，小迪的表妹到家里玩。小迪一点不像个哥哥，表妹拿什么，他就抢什么。表妹堆积木，他就马上推倒。后来，他还动手打表妹了，说表妹不让他堆积木，所以就打她。

王阿姨说，一两岁时，只觉得儿子脾气急，一不满足他的要求，就又哭又闹。现在，小迪三岁多了，她才发现，儿子不懂礼貌，蛮横，是个品行恶劣的"小霸王"。

我听完她的描述说："快上幼儿园了吧？这些习惯，会影响他和别人交往的，还会常常让他有挫折感。"

王阿姨说："是啊，我就是担心这个。"

我说："你们怕小迪不安全，怕他被伤害，怕他受委屈，都是不想让他体验挫折感。结果，他一直被满足，却越来越不满足，不遵守生活规范，脾气急躁，没有耐性。这些表现，都是溺爱过度的表现，也就是我们常说的'娇儿要上灶'了。"

王阿姨说："那我怎么办？"

我说："爱孩子没有错，但别怕看到孩子失望的眼神。每一次失望，孩子都能学会一点规范，进而多考虑一下自身的言行；每一次不满足，都能让孩子明白，获取的代价是什么，是否自己付出了。"

王阿姨说："也对，但他会闹的，他要东西，你不给，准闹翻天。"

我说："闹是允许的，这是他在发泄情绪。但是，只要要求不合理，一定要坚定立场，坚绝不妥协。只要有一次成功了，以后就好办了。"

王阿姨说："我们家的人都疼他，这不太好办啊！"

我马上说："这点很重要，一定要家庭成员间统一态度。有些事，要一致反对，不给孩子耍赖的机会。实在不行，就在夫妻二人带孩子出去玩时，坚定立场，给小迪一些挫折感。"

王阿姨点点头说："其实，就我一个人也行，小迪常和我出去玩。每次，他一耍赖，我总会妥协，下次不会了。"

我笑着说："狠心一点对小迪更好，这是锻炼小迪的自制力。将来，小迪总会遇到不能被满足的事情，如果这类事一发生，他就爆发了，这种性格可不太好。"

王阿姨说："我也知道这样不好，可是一看见小迪委屈失望的样子，心里就不忍。孩子是不会装的，他一委屈，我就跟着难受起来。"

我点点头说："我也常这样，不能看见桐桐伤心的样子。虽然如此，我也不会马上满足她不合理的要求。如果我满足她了，同样是害她呀。"

我说："有一次，幼儿园里开运动会，桐桐跑步时摔倒了，膝盖摔破了，她倒在跑道上伤心地大哭。当时，我真想冲过去，把她扶起来，但是我不能啊。我只好大声喊'桐桐，别怕，站起来，加油啊！'桐桐含着泪爬起来，坚持跑到了终点。"

王阿姨说："桐桐下来后有没有怪你啊？你也挺狠心的。"

我笑笑说："没有，桐桐一到终点，老师和同学都给她鼓掌。桐桐发现，自己吃了些苦，也有了很多收获。从心理上讲，桐桐更喜欢大家的赞赏，她很开心。"

王阿姨说："是啊，要是我家小迪受到同学和老师的赞扬，也一定很高兴。"

我说："对啊。其实，三岁左右的幼儿，在创造与建构的过程中无法顺利达到目标，就特别容易产生挫折感。你如果不忍心，就会插手帮他解决了。其实，最好是将问题留给孩子，让孩子独自处理，战胜自己，让他一天天能干起来。"

王阿姨回家后，果然对小迪的态度大大转变。渐渐地，小迪知道，跟妈妈撒娇、耍赖都没用，也就不在她面前这样了。后来，爸爸也不围着小迪转了，而是是非分明地和他谈事。

王阿姨的转变，带动了全家。大家都想为孩子好，也都知道溺爱不好，也就都慢慢改变了态度。小迪也常到我家玩，他发现，桐桐从不和父母耍赖，也渐渐接受了父母的态度。

美玉有瑕仍是玉

孩子有缺点并不可怕，美玉有瑕，仍旧是玉。更何况，孩子的可塑性是最强的。任何缺点，都不是无法改变的。

有一段时间，桐桐特别挑食，不是奶奶做的菜不吃。奶奶摸清了她的心思，每天都去赶早集，一天换一样，专挑桐桐爱吃的买。这样一来，桐桐就认准了，不是奶奶做的菜不吃。

一上餐桌，桐桐就先扫视一遍，把自己喜欢的菜都端到自己面前。我当时想，只要她爱吃饭，挑一点没关系，也没放在心上。慢慢地，桐桐的小性子给培养起来了。

有一天，妻子去接桐桐。刘老师告诉她，中午的饭菜中有胡萝卜，桐桐嚷着说不吃，全部挑出来扔了。刘老师问："桐桐怎么这么挑食了？这可不太好，要注意一下，避免营养失衡。"

晚上，妻子跟我说："桐桐的嘴太挑了，今天中午一口胡萝卜也不吃。"

我笑着说："看吧，跟你学的，你不是也讨厌吃胡萝卜吗？"

妻子说："我还是吃的，只是不爱吃罢了，可没她那么严重啊。"

我说："桐桐是不爱就不吃，你是可以吃但不爱。结果，你影响了桐桐，不然她怎么不吃胡萝卜呢？"

妻子想想刘老师的话，也不再抵赖，承认这事和她有关系。

晚饭时，妻子说："桐桐，挑食是个缺点，妈妈有，桐桐也有。这样吧，从今天起，桐桐和妈妈一起来改正，好不好？"

桐桐直摇头，说："不，我不要。我就不爱吃胡萝卜。"

妻子说："这是缺点，我不喜欢有缺点的孩子，你不改，我就不喜欢桐桐了。"

桐桐一听妈妈说不喜欢她了，脸色就变了。我看见了，忙说："妈妈的意思是不喜欢桐桐偏食的缺点，你如果改了，妈妈会更爱桐桐。"

在我跟妻子单独相处时，我责备道："什么叫有缺点就不喜欢孩子了，她肯定会有缺点的，难不成，你就真不喜欢她了？"

妻子说："缺点是好东西吗？我怎么能喜欢？"

我说："我不是说要你喜欢缺点，但桐桐并不只有缺点呀！你不能因为她有一个缺点，就把她整个儿否定掉吧？这样，桐桐只会认为妈妈是不爱她了，而不是不爱她的缺点。"

妻子说："那怎么办？她挑食很严重啊！"

我说："这个缺点不可怕，她现在还小，一定能改过来的。"

妻子说："她都成习惯了，我都不知道怎么办好了。"

我说："与其改变她的坏习惯，还不如培养一个与之相对应的好习惯，这样更省事。"

妻子说："怎么培养？"

我说："这个好办，你看我的就行。"

桐桐喜欢喝各种果汁，我常常给她榨各种果汁喝。现在，我新制作了一种蔬菜汁：胡萝卜汁，榨好后再加点糖，甜甜的，味道很不错。我提倡妻子、奶奶还有自己，每天都喝一小杯。桐桐见状，也要求加入我们。慢慢地，桐桐不再讨厌胡萝卜了，吃饭时也不再排斥它了。当然，桐桐挑食的种类很多，对于这个缺点，我和妻子一起想办法，渐渐使桐桐改掉了这个坏毛病。

孩子有缺点并不可怕，美玉有瑕，仍旧是玉，更何况孩子的可塑性是最强的，任何缺点，都不是无法改变的。

小青蛙去游泳

玩具杀手也能变成探索的小超人。一个爱拆玩具的孩子胜过一个玩玩具只知道墨守成规的孩子。孩子的好奇心与求知欲是用金钱都换不来的。

桐桐有很多玩具，她喜欢拿这些玩具做"实验"。上个月，我才给她买的玩具熊，已经被她拔光了毛，随手扔在了沙发的一个角落里。小汽车也是两个月前买的，可是她把车顶掀开了，还捏了小泥人放进去当乘客。那只张着大嘴的玩具母鸡，也没能逃过她的魔掌，嘴被撕裂了，里面还塞了一些小石子。她常对着母鸡说："我给你喂了这么多，你也该多给我下几个鸡蛋吧。"

一天中午，桐桐一个人在家睡午觉，醒来以后便拿着新买的发条青蛙去浴室里玩。

妻子下班回来，听到浴室传来"哗哗"的水声，走进去一看，发现浴缸里的水都漫到地板上了。桐桐身上也湿了，正拿着青蛙让它在浴缸里"游泳"。

妻子看到桐桐把地弄得这么脏，生气地说："你看看，你干的好事，是不是嫌我上班不够累，故意折磨我呀。"桐桐急忙说："你看，小青蛙学会了游泳，它不会沉下去了。我是在训练小青蛙呢。"

妻子还想发火，奶奶回来了，一进门就说："别训孩子了。桐桐不就是玩玩具嘛，又没有做错什么。你擦擦地就行了，别老冲孩子发火。桐桐，快到奶奶这儿来。"桐桐赶紧跑了过去，拉着奶奶的胳膊，撒起了娇。

晚上，我回到家。妻子就跟我报告了桐桐今天干的"好事"。我听后笑着安慰妻子说："我女儿很有创意呀，还会让青蛙学游泳。只是辛苦你了，也别生气了，孩子爱玩也是好事。"

我走到桐桐的房间，一眼就看到了那只满身水痕的青蛙。我笑着问桐桐："你说说看，青蛙会游泳吗？""会的，爸爸，青蛙不仅会游泳，还可以游好远呢。"桐桐兴奋地说。"你知道这是为什么吗？"我问她。桐桐茫然地摇了摇头，好奇地看着我。

我从书架上拿了一本注音版《少儿百科》，递给她，"你看完这本书，就会明白青蛙为什么能游泳了。世界上还有很多奇妙的事情，你喜欢探索，这是我最欣赏的。"桐桐接过书，打开台灯，就在灯下认真地读起来。遇到不懂的字，会跑过来要我给她解释。

我们家的桐桐是个"玩具杀手"。家里的玩具，全是缺胳膊断腿的，就没有一个完整的。不管什么玩具，不超过三个月，准会弄坏。妻子常常心疼地说："我的钱啊，五十块又没了。"

我从不责备桐桐拆玩具，有时还会夸奖她玩出了新意，有创意。桐桐因为有了我的鼓励，还有奶奶的庇护，所以家里的玩具都成了她的"折磨对象"。

我想，孩子拆玩具也是好事。她拆的玩具多了，动手能力也会变得越来越强。桐桐用泥巴做的小狗和小人，我都把它们烧制成了陶器。我会好好地保存它们，这些小物件，凝聚着桐桐的兴趣和智慧。

孩子拆玩具的现象是很普遍的，这是儿童探索心理的表现。父母看到孩子拆玩具时，不要一味地责怪孩子，呵斥孩子。相反地，父母需要给孩子适当地引导和鼓励，满足孩子的好奇心，激发出他的求知欲。

孩子在拆玩具的过程中，会明白一些科学道理，还能提高动手能力，父母为什么不去鼓励呢？玩具杀手也能变成探索的小超人。我很欣赏玩具杀手，一个爱拆玩具的孩子胜过一个玩玩具只知道墨守成规的孩子。孩子的好奇心与求知欲是用金钱都换不来的。

小落汤鸡

> 孩子在成长中，必须学会和大自然亲密接触，学会在自然中感受
> 自己的身体，进而懂得保护自己。

一年夏天，桐桐和一群小伙伴在户外玩。突然，天空乌云密布，马上要下雨了。有一些孩子赶紧往家跑，妻子也焦急地看着门口，却始终不见桐桐回来。

不一会儿，暴雨倾盆而下，妻子赶紧说："快！拿把大伞，去找找看，桐桐不会出事了吧？"我见状，也十分焦急，拿起伞就冲出了门。我向广场方向走，风很大，几次都险些吹翻了我的雨伞。我心想："这孩子，跑哪儿去了，不会有事吧？"

朦胧中，我依稀听到了桐桐的笑声，我赶紧循声找去。很快，我就看见桐桐了。她像个小疯子，正在雨里和几个男孩又跳又笑。我远远站着，犹豫着要不要靠近。

我看见，豆大的雨点砸在桐桐的身上。她的头发、衣服全湿透了，她的鞋也湿透了，她在欢快地踩水。她淋得就像一只小落汤鸡，但她的笑声这样欢快，阻止了我上前的脚步。我依然远远地立着。

一个转身后，桐桐突然发现了我，她向我跑来，说："爸爸，我终于淋到夏天的雨啦。"她的话一出口，我马上理解了。

原来，我常在给桐桐讲故事时，穿插着讲一些我的童年往事。其中有一

幕，就是淋夏天的雨。我说，那个时候我们很穷，家里的伞很少。夏天要是碰上雷雨，就顶风冒雨地一路狂奔，一直跑回家。每次到家后，全身都湿透了，鞋子能倒出好多水，但没事。这种感觉真是很棒，就像是征服了大自然一样，觉得自己很有力量。当时，桐桐听得入了迷，一直嚷着要体验。

今天，她终于逮着机会啦。我只好笑着问她："是吗，感觉怎么样？"

桐桐说："真过瘾，原来大雨一点都不可怕。"

我站在风中说："玩好了没，妈妈把晚饭做好了，我们回去吃饭吧！"

桐桐说："那回去吧！"

桐桐坚决不打伞，她说反正自己已经湿透了。我没有强求，怕影响她的高兴劲儿，只好一路忐忑地往回走。我心想，要是妻子见了这只落汤鸡，会不会也电闪雷鸣呀？

果然，刚到楼梯口，妻子就焦急地冲下了楼，拉着桐桐问："怎么啦，出什么事啦？"桐桐马上意识到有问题了，她紧张地看着我。我硬着头皮说："没事，好好的。桐桐，你快上去洗个澡，换好衣服。"桐桐机敏地溜走了，我拉住了妻子。站在楼道里，我把事情的原委都说了一遍。

妻子听后，生气地责问我："就你大胆，要是感冒了就糟糕了。"我说："你别紧张，也别太激动，不要扫了桐桐的兴。她体验过了，下次准没兴趣了，就放过她这一次吧！"一番劝说后，妻子勉强同意了。

晚上，又到了故事时间。桐桐没有挨训，也没有感冒的征兆，她很高兴，便跟我讲述她淋雨的感觉。她说，她觉得自己像只自由的鸟儿，很痛快。

我这样的父母，其实也够大胆。但是我知道，孩子在成长中，必须学会和大自然亲密接触，学会在自然中感受自己的身体，进而懂得保护自己。

如果一辈子一次雨都没淋过，一场雪仗都没打过，同样会留下深深的遗憾。当然，这种体验，能够在童年里经历，感觉不仅美好，还能激发出孩子对生命的激情。

童话世界的善与恶

> 孩子会又哭又闹，其实是想要一个结果，一个自认为公正的结果。父母只要见孩子哭了，受伤了，就想帮忙解决，往往是没弄清楚状况，也没走入孩子的世界，当错了裁判官。

有一次，桐桐回家时，手里拖着一根棍子，我见状大惊，心想：这公园里、广场上，怎么会跑出了一根棍子。很明显，这是从树上折下来的。

我问："桐桐，你拿这个干什么？"

桐桐说："我是魔法师，这是我的魔杖，我要消灭一切坏人。"

我看桐桐的表情，她有一点儿愤怒，我心想：乖，你不会是在外面打人了吧？我试探性地问："桐桐，这棍子消灭过坏人吗？"

桐桐说："灭了一个啦！"

我问："谁？"

她说："丁丁。"

我说："不是吧，小赵叔叔在吗，严重不严重啊？"

桐桐说："小赵叔叔不在，不严重，就是起了一个大包。"

我顾不了桐桐了，转身出门。刚下楼，果然看到丁丁哭着跑上来了，我赶紧说："丁丁，快别哭了，是桐桐不对。她打人了，我批评她了。"

丁丁说："叔叔，我不哭了，你叫桐桐出来吧，我向她道歉，我错了。"

我一听有点糊涂了，不知道出了什么状况。我问丁丁："还疼不疼，要不我拿冰帮你敷一敷？"

丁丁说："桐桐呢？我要找她。"

我说："你不是去找爸爸告状吗，你找她干嘛？"

丁丁有点儿犹豫了，他对我说："为什么我要找爸爸，我不疼，我要找桐桐。"

听到我们在说话，桐桐也出来了，她气势汹汹地说："你走吧，我不要跟你玩了，你是个大坏蛋，我们都不和你玩了。"

丁丁说："我再也不这样了，我们下去吧！"

我见状忙问："丁丁，你的头疼不疼不呀？"

丁丁说："早就不疼了。"

我说："那你哭什么呀？"

丁丁说："桐桐生气了。"

听到这里，我断定，这是孩子间的纠纷了。本来桐桐打人了，我打算好好教训她一下，但是现在情况逆转了，我也弄糊涂了。要做裁判，也要先弄清事情真相呀。我只好问："桐桐，出什么事啦？"

桐桐看了我一眼说："你就别管了。丁丁，你跟我下去。"说完，桐桐拖着棍子，丁丁也跟着下去了。我出于好奇，就悄悄尾随着。

一走到小广场，我马上弄明白问题了。原来，一群孩子在玩角色游戏，丁丁霸道了，抢了小红的玩具，还把她推倒在地上了。桐桐扮演的是魔法师，她看不过去了，就给了丁丁一棍子。

丁丁不怕打，还是不给小红玩具，桐桐就生气了。桐桐一走，游戏玩不下去了，大家都来怪丁丁。丁丁被大家东一句、西一句地责备得哭了，这才来找桐桐和解。

桐桐原谅了丁丁，大家马上又开始游戏了。我看了看丁丁，生龙活虎的，额头上并没有什么大包，心想：看来是我虚惊一场，幸好我没有插手。想到这里，我独自回家了。

桐桐时常是带着"状况"回家的。有时候，她闹出了事，也有家长找上门过。每当这个时候，妻子总是很生气，当着大家的面教训桐桐一顿。

我则会单独找桐桐，让她先跟我讲讲事情的原委。每次她说完情况后，我都马上意识到，这只是个小问题，如果交给孩子们自己解决，一定没问题。父母只要见孩子哭了，受伤了，就想帮忙解决，往往是没弄清楚状况，也没走入孩子的世界，当错了裁判官。

有一次，桐桐在外面玩，雪莉非要和桐桐抢小刀，结果把手划破了。雪莉的妈妈见女儿手上流着血，二话没说，拉着雪莉就找上门了。事后她了解情况后，才发现是雪莉要抢的，桐桐松手慢了，雪莉的手就受伤了。

孩子会又哭又闹，其实是想要一个结果，一个自认为公正的结果。谁对，谁错，有了这个判定后，他们就心安了。如果谁都没有错，孩子往往就受不了啦，开始哭闹。碰到这种情形，父母最好旁观，让孩子们自己发泄，自己做裁判，结果往往会更好。

孩子的世界，是一个童话的世界，善与恶都想获得一个公正的评判结果。父母要走入孩子的世界，用孩子的眼睛看问题，就一切都明白啦，也就不会多插手了。

半杯冰淇淋

只要生命还在，太阳明天还会升起来，生活中的一切事情，真的都没什么大不了的。为了目标，你可以执著；如果你失败了，还可以再起航。要做到这点，需要一种乐观积极的心态。

有一次，我和桐桐上街，她看见了香草冰淇淋，说："爸爸，我想吃。"

当时她正在换牙，甜食是被控制的，她很久没吃冰淇淋了。我看了看说："好吧，我们就吃一球，好不好？"桐桐乖乖地点点头，一球对她来说，已经很满足了，何况是她最喜欢的口味呢。端着冰淇淋，我和她继续逛街。她吃得很慢，似乎在细细品味冰淇淋的香甜。

桐桐吃到一半时，一个小男孩撞了过来，一下子，她的冰淇淋掉到地上了。当时，我们已经离卖冰淇淋的店很远了，不可能回去再买。桐桐看着地上的东西，脸色马上就变了。小男孩见状，赶紧道歉，桐桐也没办法了。

我替桐桐说了没关系，牵着依依不舍的她走了。

桐桐说："爸爸，真可惜呀。"

我笑了笑说："没什么大不了的，就是半杯冰淇淋。已经掉了，可惜也回不来了。"

桐桐说："下次，又得等好久了。"

我说："宝贝，下次就算再买了，你这半杯也回不来了。世界上的有些事，一旦发生了，就无法逆转了。所以，你不能太介意哦。"

桐桐之所以会耿耿于怀，是因为她正处于禁食甜食期。所有的甜食，在她的眼中都是宝贝。宝贝被弄坏了，她当然感到可惜和难过。

其实，孩子在生活中，常常会碰到类似的小问题。虽然都是小事，但也折射了孩子的人生态度。孩子是乐观，还是悲观，从中可以看出一点端倪。

每一次，桐桐想为"打翻的牛奶"哭泣时，我都会劝她，没什么大不了的。

是啊，只要生命还在，太阳明天还会升起来，生活中的一切事情，真的都没什么大不了的。为了目标，你可以执著；如果你失败了，还可以再起航。要做到这点，需要一种乐观积极的心态。

孩子虽然小，但也时常会有挫折感。有一个乐观积极的心态，就算是跌倒了，也会笑着爬起来，拍拍灰，继续走，没什么大不了。

幼儿园里的元旦晚会，曾一度吸引着桐桐。第一年，桐桐给大家表演了一段古筝，结果并没有获奖。桐桐觉得很失落，她已经很努力了，还是没有获奖。我当时开导她，不是因为她弹得不好，是因为小朋友们不喜欢古筝。

后来，桐桐自己也发现了，在学古筝的班里，她总是受到表扬的。这表明，她的确弹得不错，只是"茄子不能和黄瓜比"。

孩子太小了，只知道自己没得奖，就觉得难过。她还不明白，得不得奖，有很多其他因素的作用。我说给桐桐听了，她也明白了。所以，听过我的解释，虽然没得奖，桐桐也不难过了。

第二年，桐桐又参加了，这一次，她的琴艺也有了长进。刘老师给了她一首欢快的曲子让她来演奏，还有几个小朋友伴舞。节目样式改变了，桐桐的节目马上受欢迎了，这一次她获奖了。

事情就是这样，如果桐桐第一次受打击了，很悲观，不再参与元旦晚会了，哪能有这一次的获奖呢？

乐观是看世界的一种方式，事情已经如此了，高兴也罢，伤心也罢，它都不能改变了。能够改变的，只是看世界的方式。尤其是在挫折面前，乐观能够让人活下去，直到成功。

遥控器争夺战

孩子能否成功解决问题，更多是取决于他们曾经的经历，而不是他们的聪明程度。父母应该相信，孩子有解决问题的愿望和能力，给他们一些机会，孩子会越来越能干。

刘老师是桐桐幼儿园的班主任，她向我反映了一个问题，许多小朋友都不会自己解决问题。每天，都有不少的孩子找她"告状"，请她当裁判。

孩子喜欢告状，这多多少少会有，但是，现在的孩子特别喜欢告状。在家里，有了纠纷找父母摆平，在学校，找老师求公正。如果谁都找不到，孩子的问题常被弄得一塌糊涂。

我时常听一些父母大声抱怨："你怎么这么笨呀，这点小事都来找我，真是没用！"父母训完了，孩子依旧发懵：我究竟要怎么办呀？

孩子能否成功解决问题，更多是取决于他们曾经的经历，而不是他们的聪明程度。父母应该相信，孩子有解决问题的愿望和能力，给他们一些机会，孩子会越来越能干。

有一天，桐桐和表妹乐乐在客厅玩。乐乐还小，事事跟着桐桐转，她的眼中，姐姐玩的东西都特别好玩。

不一会儿，桐桐撅着嘴过来了："爸爸，乐乐真讨厌，她老是抢我的遥控器。"我看了一眼乐乐，她正拿着遥控器，学桐桐调台。桐桐见了，就拉着我往外走，说："爸爸，你快去呀，乐乐又在捣乱了。"我推脱说："爸爸忙着呢，你和她在玩，你就和乐乐去商量吧！你的话，乐乐也会听的。"

桐桐搬不动救兵，只好回到了客厅。乐乐见状，得意地晃着遥控器。桐桐生气地说："看你，又把台调乱了，我们刚才的动画片呢？你快调回来。"乐乐一听，赶紧开始找刚才的台。可是，台太多了，她找了半天，还是没找到。桐桐说："我就知道，你给我吧，我来调。"乐乐的尝试一次次失败后，乖乖地交出了遥控器。一场小纠纷马上平息了，桐桐用自己的方式，更轻松、快速地解决了问题。

一位小学老师向我反映，有一次，一个学生去食堂打完饭，结果没端稳饭盒，全扣在地上了。这个孩子马上傻眼了，不知所措，就呆呆地站着，过了一会儿，悄悄地走了。老师见状，本想走过去的，但是又犹豫了。就这样，这个孩子没吃上午饭，饿着肚子上了半天课，直到回家。

第二天，孩子家长找到校厨房抱怨："你们学校怎么搞的，说是订了午餐了，我儿子不小心打翻了，也不给添一份吗？让孩子饿肚子。"厨师听后，很吃惊地问："昨天没有孩子来说饭泼了啊？我们都不知道这件事，如果孩子来要求，我们肯定会给的。"家长这才去问孩子，孩子告诉妈妈，自己的确没采取任何措施，就直接回教室了。这位妈妈没办法，只好重新给儿子零花钱，以备这种情况再次发生。

孩子的处事应变能力，怎么会变得这么差呢？追根究底，还是父母在教养过程中，包办得太多，总是替孩子解决各类问题，结果让孩子更无能了。

孩子年纪小，同样具备解决问题的能力。如果孩子的生活长期被包办，无法自己做决定，就失去了很多锻炼的机会，独立解决问题的能力也会逐渐退化。

快乐学琴的小孩

> 孩子的人生不能重来，童年尤为珍贵。与其以童年为代价去追逐成功，不如还孩子一个快乐的童年，毕竟对孩子来说，成长比成功更重要。

桐桐五岁了，还有一年就要上小学了。妈妈觉得桐桐要学一门乐器，才能增强她的竞争力。周围的孩子学乐器的很多，有学钢琴的，有学小提琴的，也有学架子鼓的。想来想去，妈妈决定让桐桐学习古筝。

周六，妈妈一大早就喊醒了桐桐，带着她出门了。妈妈是有备而来的，经过一番精挑细选，为桐桐报了"静云古筝兴趣班"，一节课100元。妈妈说，不怕学费贵，只要桐桐愿意学，这才是最重要的。

桐桐是个好奇心很强的孩子，经妈妈一说，也就高高兴兴地去了。老师很温柔，据说是根据桐桐的个性专门为她挑选的，还采取一对一的教学。

桐桐很快就喜欢上了那里，一节课下来，桐桐就对妈妈说："我要学古筝。"妻子听了，心中特别高兴。就这样，桐桐开始了古筝学习之旅。我们专门给桐桐买了一架古筝，好让她在家练习。

以后的课程从入门到基础，都在相应地变化。桐桐每周去一次学校，每次去她都很积极，回来后心情也特别好。

我心想：看来，桐桐是真的很喜欢古筝。如果桐桐能够掌握一门乐器，我这个做父亲的，肯定很开心，也会全力支持她学习。

　　老师经常夸桐桐聪明，领悟力高，学曲子学得很快，就连手法、指法也掌握得很快。听到老师夸赞，桐桐学得更卖力，平时练琴也变得很主动。

　　四个月后，妈妈说：“我觉得桐桐可以考级了，如果她能够拿到级别证书，那么对她以后的升学是很有利的。”我说：“如果桐桐考不过，那她还要不要学琴？”妈妈态度坚决地说：“第一次考不过，第二次再接着考，直到考过为止。”

　　桐桐只有一年的学习时间，妻子提出考级后，她的练琴强度增大了。

　　我渐渐地发现，每次学完琴回家，桐桐都会变得沉默不语，一副没精打采的样子。妈妈催促：“桐桐，你还没练琴呢。快去。每天都要练习半个小时。”桐桐的表情有点不情愿，我看出了端倪，就对妻子说：“不能太功利，你这样逼她，她学琴的兴趣会熄灭的。”妻子说：“我对她严厉，是为了她好。”桐桐是喜欢古筝的，可是现在妈妈给她定了一个考级的目标，她开始“带着镣铐跳舞”，神色有些痛苦了。

　　当时，我和妻子约定好，如果桐桐喜欢学琴，就鼓励她坚持，一直学习到十岁。如果她想继续学，就继续学下去。倘若她不想学，放弃了也不责怪她。

　　我知道，学琴的道路上肯定会遇到挫折，但桐桐要学会在挫折中坚持，这也是一种重要的生存能力。因此，我虽然看到了桐桐的痛苦，却没有发话让她放弃。

　　我劝妻子：“不能经常跟孩子提考级的事情，要让她快乐地学习，才能学好古筝。”妻子觉得我说的有道理，也怕桐桐放弃，所以也不再说考级的事。

　　我觉得，考级是对能力的一种考核，等桐桐的水平达到了，考级也是一件很轻松的事，不会感到吃力。妻子的内心很焦急，毕竟时间不等人。如果上小学前桐桐还没拿到级别证书，那该怎么办？

　　我一直在做妻子的工作。我对她说：“桐桐现在的琴艺，就是她迅速成长的表现。如果她能够为兴趣而学，快乐地学习，而不是为了功利，这才是成功的学琴。"

就这样，我在给妻子做思想工作的过程中，悄悄地取下了桐桐脚上的镣铐，桐桐又变成了一个快乐的学琴者。

成功那么重要吗？什么是成功？我认为，一个人的成长比成功还要重要。孩子的童年是很珍贵的，如果用成功去逼迫他，他只会付出更惨重的代价。许多"成功"的孩子，童年过得很痛苦，哪怕成年后拥有了高职高薪，还是感觉不快乐。戴上了功利的帽子，成功就是用痛苦换来的。

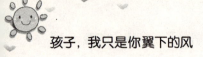
一个苹果

> 孩子是上帝派来的天使，任何人都无权去摧残。唯有用爱，用真诚去浇灌他们，才会看到他们成长、绽放的奇迹。

最近，我参加了一个为农村小学校捐书的公益活动，我所在那个小组的任务是，负责把捐赠书送到一百里外的一所小学。

吃过午饭后，我和几个义工开车带书来到了这里。

这里的风景很好，到处有绿树环绕，空气也无比清新。小街上，还时不时地传来卖东西人的吆喝声，"卖苹果啦，刚摘下来的新鲜苹果啊"、"卖鸡蛋，正宗的土鸡蛋"……街上的人并不是很多，但来买苹果、鸡蛋和其他东西的人也不少。我们从车上下来，向行人问路。

这时，一辆喷着浓烟的拖拉机开进了小街。拖拉机发出巨大的声响，吸引了我的目光，也吸引了街上村民的目光。一个拿着烟袋的老人说："李三又来卖苹果了，他家的苹果特别甜，特别新鲜。"大家看是李三，都围了上来。一位上了岁数的老奶奶说："三儿，给我来十斤，我孙女特别爱吃你家的苹果。"那个李三一边笑呵呵地招呼大家，一边忙着收钱。

这时，一个苹果从人群中滚了出来，可能是谁弄掉了。一个小孩看见了，迅速地跑过去，捡起苹果。然后，他又跑回了爸爸身边，爸爸示意他把苹果藏起来，小孩手脚麻利地把苹果揣在兜里。

这一幕，刚好被我看在眼里。我仔细地打量着这个小孩。他六七岁的样子，皮肤很黑。那孩子揣好苹果后，转身就朝着前面那条小路走去。刚走了五六步，苹果突然从他怀里滚了出来，掉落在地上。有人扭头看到这个情景，大声说："李三，那小孩偷了你的苹果。"

这下，大家全看见了。李三急忙说："哎，你怎么拿走我的苹果？快还回来。"大家七嘴八舌地开始议论。有人说："不得了啦，这么小就学会偷。"也有人说："怎么连个苹果都偷，家里穷得没吃的了么？"

那孩子的脸霎时变红了。他又捧着苹果走回来，把苹果递给了李三。他无助地看了一眼站在人群中的爸爸。爸爸气冲冲地走了上来，大声地呵斥他："你怎么不学好呢，拿人家苹果做什么，真给我丢脸。"接着，爸爸打了他两巴掌，扭头对李三说："你别计较，小孩子不懂事，回去我好好地教训他。"李三笑着说："没事。孩子爱吃苹果，你就给他买，但不能让他学会偷。偷这个习惯可不好。"就又开始张罗生意了。

那个小孩已经转身跑了。我清楚地看到，小孩的脸是愤怒的，他在伤心地流泪。明明是爸爸让他"偷"的，事情败露后，爸爸却把过错全推给了他，还当着众人的面呵斥他，打他。他能不愤怒？心里能不委屈吗？

我心里变得特别地烦躁，觉得那孩子很可怜。这么可爱的一个孩子，他的未来会是怎样的呢？很显然，他的爸爸不懂得如何教育他。

那一刻，我想到了我的女儿，也想到了城里的那些孩子。从这一幕里，我看到了孩子的自尊被践踏，看到了家教知识残缺的严酷。

在我眼里，孩子都是天使。我爱孩子，不管是自己的孩子，还是别人的孩子。我希望天下的孩子都能幸福、快乐。任何一个孩子在受苦，我都会痛心、怜悯，这也是我选择做亲子教育研究的原因。

我有种强烈的愿望，想要去见见那个孩子。于是，我征得了同行者的同意后，让他们去学校送书，我去找那个孩子。我从纸箱里拿出了《安徒生童话》和《格林童话》两本书。我想，那孩子一定没有看过这两本书，而且我相信他会喜欢上这两本书。任何孩子的童年都应该有梦想，我想让这个孩子拥有梦想。

经过多番打听，我找到了那孩子的家。我把书递给他，并告诉了他我是谁，来见他是因为对他有所期望。

那孩子很懂事，接过书，跟我说："谢谢，我会努力的。"他爸爸却一直在用一种麻木的眼光看着眼前发生的、有些出乎意料的一幕。

临走时，那孩子把我送到了门口，我鼓励他要好好学习，以后遇到什么困难可以给我写信，我还会给他寄书。那孩子一直感激地看着我。我相信，那一天对于那孩子来说是最痛苦的一天，也是最幸福的一天。

孩子是上帝派来的天使，任何人都没有权利去摧残。只有用爱，用真诚浇灌他们，他们才能茁壮地成长。呵护孩子的心灵，也是在呵护自己的心灵净土。

我还差两分

> 学习是什么？它不是一个好分数，而是一个不断成长的过程。如果我们将注意力放在了结果上，而忽略了学习的过程，那么往往会看不到孩子的成长。

有一次，桐桐回家时板着个脸，没跟我打招呼，就进去了自己的房间。我看她心情不是很好，就走到她的房间，问她："桐桐，今天是不是遇到了什么不愉快的事情？"

桐桐递给了我一张试卷，说："这是我期中考的卷子。"

我接过来，仔细一看："哟，考了88分，不错呀，这分数不低。"

桐桐说："爸爸，你应该说，你怎么丢了这么多分啊。"

我说："半年前，这些东西你都不会，只能考'鸭蛋'，现在，你考了88分，学会了这么多的知识，多棒啊。"

桐桐说："妈妈说了，我要考九十分以上才行，我还差了两分呢。"

我说："只要你学会了许多新东西，就是学习进步了。爸爸不在乎你考试的分数，只在乎你学到了哪些新东西。"

桐桐说："那你帮我跟妈妈说说吧。我有用心去学习了，没想到考的分数还是不高。"我点点头。

学习是终生的事情。任何新知识，只要对自己有利，都应该去学习。我的目的，是想淡化分数对桐桐的影响。学习不是为了考试，也不能因为不考这个，就放弃学习。如果是这样，那么学习上考得高分只是一种狭隘的进步。不能只注重分数，而把学习最本质的东西给忽略了。

那次以后，桐桐回家都爱跟我说："爸爸，我今天又学会了……"，而不再跟我说："爸爸，我今天得了……"桐桐每天都觉得，自己学会了很多新东西，很有收获，也不会因为分数的事而患得患失。

又有一天，桐桐玩剪纸。她很专注，独自一人趴在桌子上至少有三个小时了。妻子看到桐桐玩了那么久，还没有写作业，就说："不许玩了，马上就要期末考试了，还玩什么手工。你是不是不想拿奖状了？"

桐桐说："妈妈，我已经学会了好几种剪小动物的方法，你看看我剪的小马怎么样？"

妻子皱着眉头说："小马剪好了有什么用处？你剪得再好，老师考试会让你得满分吗？会给你发奖状吗？"

桐桐委屈地问："我要为什么要满分和奖状呢？"

妻子笑笑："拿到了满分和奖状，证明你学习成绩好，你多光荣呀。"

桐桐说："我并不会感到光荣，只会觉得不开心。"桐桐没有听进去妻子的话，继续玩起了剪纸，妻子只能无奈地走开了。

很多时候，满分和奖状，只是大人的荣耀，而不是孩子的光荣。考试的分数高，并不代表这个孩子的能力有多强；考试的分数低，也不能证明这个孩子的能力就有多弱。

桐桐是个很爱学习的孩子，只要是她感兴趣的事，她都会认真地去学习，直到学会为止。我认为，这是一种很好的习惯。在我的鼓励下，桐桐还学会了很多的东西。她四岁开始学游泳，现在已经游得很好了。她还会滑旱冰，会弹古筝，各类的生活自理能力也很好。桐桐学的这些东西，不能给她考试加分，但是都非常有用，它们能让桐桐的各种能力迅速地增长。

一个能力很强的孩子，也会把自己的兴趣点和认真用到学习上。我认为，一个学习成绩好的孩子未必有能力，但是能力强的孩子必定也善于学习。

妻子不懂得这个道理，所以总在绕弯子。幸好桐桐是个有主见的孩子，加上有我的支持，所以在学习问题上，还是比较自主和快乐的。

桐桐玩够了剪纸，又找来童书开始看，这也是她最喜欢做的一件事。一本漫画书看完了，她又拿起第二本接着看。看着她那看书专注的模样，我知道，她的语文成绩肯定不会差。

期末考试的成绩出来了，桐桐的语文拿了满分，数学92分。妻子看了成绩后，满意地笑着说："我们家桐桐真聪明，我看她也没怎么看书，考得还挺不错的。"

我对妻子说："学习并不只是背教材。生活中处处都有学问，只要孩子有旺盛的好奇心，走到哪儿都能学习到新东西。爱学习的孩子，认真地观察生活，就能学到很多知识。"

妈妈顿了顿："只要桐桐的分数不低，我也不管那么多了。"

我听完，使劲地摇头。看来，要想改变一个成人的思维，真是比登天还难。

最近，我打开邮箱，时常看到这样的留言，"成老师，我家孩子不爱看书，怎么办？""孩子考试成绩差，怎么办？""孩子考不上重点小学，怎么办？"……

学习是什么？它不是一个好分数，而是一个不断成长的过程。如果我们将注意力放在了结果上，而忽略了学习的过程，那么往往会看不到孩子的成长。实际上，无论结果如何，孩子都在成长。但是，我们给了孩子太多的呵斥与责备，而不是鼓励和表扬，这会让孩子越来越害怕学习。

一件脏背心

孩子"恋物"，根本原因在于孩子缺乏安全感。多关注孩子的心灵成长，才是给孩子最好的人生。孩子最想要的，是父母的陪伴、呵护和关爱。

刚上幼儿园时，桐桐发现了一个奇怪的现象。

放学回家，她拉着我的手说："爸爸，小杰很奇怪，他书包里总是放着一件大背心，说上面有妈妈的味道。"

我说："那上面的确有他妈妈的味道，小杰带着它，就好像妈妈陪着他一样，他就不会感到害怕了。"

桐桐说："刘老师说了，小杰是因为想妈妈了，要我们都要关心他。"

我点点头："是啊，你也要多关心小杰，不要嘲笑他，知道吗？"

桐桐说的现象，正是现在幼儿园里渐渐出现的儿童"恋物癖"。以前，这类现象在国内比较少，如今却越来越多。现在，大多数孩子的父母都是双职工，孩子早早地断奶，交给爷爷奶奶或是保姆带着，缺少父母的呵护和疼爱，所以就导致孩子出现了"恋物癖"。

在成人眼中，这些看不上的东西，却往往成了孩子的宝贝，给他们带来了安全感和幸福感，使他们在没有父母陪伴的陌生环境中，不再感到害怕和孤独。其实，这是孩子把对父母的依赖转换到了物品身上。说起来，这是因为孩子缺少爱。

后来，我从刘老师口中得知，小杰在五个月时，妈妈经常穿着这件背心喂他奶，他就喜欢上了。从此，他每天睡觉都要抱着这件背心，否则他就睡不着。小杰的妈妈工作比较忙，经常早出晚归的，那件大背心就成了小杰的最爱。平时，保姆带着小杰，不管小杰走到哪里，小杰都抱着这件背心。后来，这件背心脏了，小杰也不让洗。虽然这件衣服很脏很旧了，他也当做宝贝，一直带着，舍不得丢弃。

要上幼儿园了，妈妈不好意思让小杰把背心带到学校去，所以就想把背心留在家里。可是，不带着背心，他就死活不肯去上学。妈妈拗不过他，就只能让他把那件脏背心放在书包里，带着去上学。

进入幼儿园那天，小杰的妈妈就跟刘老师讲了这件事，刘老师马上就明白了。她同意让小杰带着这件背心，并保证不因此批评小杰。只要小杰愿意，他在哪里都能带着那件背心。为此，小杰的妈妈很感激刘老师的体谅。

刘老师在和我谈这件事时，说："我发现在每个班，总会有一两个孩子有'恋物癖'，恋的都是一些很奇怪的东西，但都是和父母有关的。这让我很担心。"我的想法和刘老师的一样。儿童的心理健康问题，正在日益浮出水面。

如今，父母只强调教育在孩子生活中的重要性，却忽略了亲情的互动式享受，所以，"恋物癖"的孩子越来越多。这类孩子会变得敏感退缩，也极容易变得忧郁脆弱。

刘老师还说："有的父母，孩子一岁就让孩子单独睡。工作繁忙，就把孩子交给保姆带。孩子缺乏亲子互动的环节，这使得'恋物癖'的孩子越来越多。"

我认为，孩子"恋物"，根本原因在于孩子缺乏安全感。多关注孩子的心灵成长，才是给孩子最好的人生。孩子最想要的，是父母的陪伴，父母的呵护和关爱。

为了生活，父母不能完全放弃工作，又不能不关爱孩子，唯一的补足方法，就是珍惜和孩子相处的每一分钟。只要在孩子身边，就忘掉别的一切，完全地沉入孩子的世界，陪着孩子一起玩，和孩子一起笑，让孩子好好地感受父母的关爱。

平时，父母要多拥抱孩子，多抚摸孩子。其次，还要多给孩子一些积极的暗示，让孩子知道，父母会永远在他身边，爱着他，保护着他，让他不要感到害怕。如果让孩子独处一室，就要多做一些睡前的安抚工作。父母可以给孩子唱唱催眠曲，讲讲睡前故事，这些对亲子沟通都是有利的，也能让孩子更有安全感。

不要让孩子在物件中寻找妈妈的味道，要让孩子在父母的身上体会。珍惜和孩子相处的每一分钟，多一些拥抱，多一些抚摸，多一些积极性暗示，孩子心里才会踏实，才会更有安全感。

3

好的关系胜过任何教育

这是我的东西

我们是朋友

孩子是有颜色的

我就要一个人在家

一套紫砂茶具

渴望那温柔的语气

爆料

遥控汽车风波

不想再练琴了

好情绪，坏情绪

不动的话，真像个淑女

她真这么说？

这是我的东西

父母在处理孩子的物品时，要征询孩子的意见，不能强行处理孩子的东西，这样会让孩子产生反抗行为和不安全感。长大后，这类孩子易怒、自卑、疑心重，无法与他人平和相处。

有一天，妻子在家收拾屋子，搜出了好多桐桐的小衣服和玩具。衣服都是以前的，早就小了，玩具是她快半年都不碰了的。

看到这一堆东西，妻子说："我挑几件好的，送给乐乐吧！桐桐这件大衣，没穿几个月就小了，还跟新的一样，扔了太可惜。"我看了看，说："这件毛绒大衣真像新的一样。不过桐桐穿不下了，真可惜。送给乐乐吧，乐乐肯定能穿。"我们在卧室里讨论着，桐桐在客厅里玩玩具。

妻子挑捡完了，去客厅里找来一个包，一件一件把东西放进去。桐桐见妈妈拿包，也跟了进来，问："妈妈，你装我的东西干嘛？"

妻子说："都是些你不要了的。"

桐桐问："要扔掉吗？"

妻子说："不扔，送给乐乐的。"

桐桐听到这里，赶紧走了过来，用手护着说："这是我的东西，不能送人。"

妻子见状，拿出一件衣服跟桐桐比着说："你看，都小了好大一截了，你穿不了啦。乐乐是你表妹，我又不是给别人。"

桐桐不听妈妈讲，带着哭腔说："不行，是我的东西，我不送。"

妻子跟我说："这孩子，平时也不小气啊，今天是怎么啦？"

桐桐走过去，把包里的东西一件一件拿出来，又放在了床上。她对妈妈说："放回去，不准送我的东西。"

妻子收拾了半天，没想到杀出个拦路虎，还是蛮不讲理的那种，也有点生气了，她大声对桐桐说："衣服都是妈妈买的，现在你也不穿了，妈妈想送谁就送谁！"

妻子此言一出，桐桐"哇"得一声哭了。她气得小脸通红，眼睛四处搜索着。最后，目光落在了旧玩具上。桐桐冲过去，拿起来就砸，一边砸一边说："就是不给，我砸坏了也不给，我的东西，呜呜呜……"妻子看着桐桐，觉得她太不近人情了，不知道是哪里触犯了桐桐，妻子只好作罢，不再收拾这些东西，任桐桐在那里号啕大哭。

我看着伤心的小家伙，她才三岁多，她现在做的事，肯定没有丝毫的理性可言。桐桐反应这么激烈，是在维护自己的"物权"。我一直觉得，"物权"意识是成人的事，没想到，小孩子也有这种意识。

这些小东西和衣服，有的是妻子买的，有的是朋友送的。但是，它们在桐桐的眼里，都是桐桐的东西。桐桐对它们拥有所有权和支配权，妻子私自决定送人，桐桐就很生气。

我们走出了卧室，让桐桐好好发泄委屈。妻子小声问我："这孩子，没事吧？她是不是讨厌乐乐啊？"

我说："跟乐乐倒没多大关系，是我们没征求她的意见，就动她东西了，让她很生气。"

妻子说："她多小的人呀，也能分你我了？"

我说："我也是刚发现的。桐桐心里认定，这些东西是她穿过、玩过的，所以就是她的了。你刚才说东西是你买的，不是桐桐的，她就委屈生气了。她肯定认为你太霸道了，在抢她的东西，也伤了她的自尊心，让她非常没

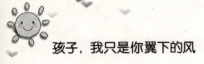

有安全感了。"

妻子问："有这么严重吗？我说她怎么这么生气呢！"

我笑笑说："桐桐也有'物权'意识了，这意味着，她在开始独立了，想和最重要的人分离，分清你我，自我中心意识在增强。"

妻子说："小家伙想独立呀？"

我说："是啊，这就是独立的萌芽。她原本就是独立的个体，这是正常的表现。"

妻子说："那怎么办？东西不送了？"

我说："这倒不必，等桐桐情绪平静了嘛，你和她好好谈谈，让她来决定，哪些能送，哪些不能送。总之，你要表现出'东西是桐桐的，桐桐来决定去留'意思的，她就变大方了。如果是桐桐自己在支配她的东西，她就毫无怨言了。"妻子点点头。

桐桐为什么会哭呢？这是因为，她觉得自尊和安全感都被妈妈瞬间剥夺了。原本是她的东西，妈妈以大欺小，硬说东西是妈妈买的，不是桐桐的。这和成人被剥夺私有财产的感觉是一样的。所以，桐桐又愤怒，又委屈，她别无它法，只好用哭抗拒，来争回自己的权益。

虽是一件小事，但也能引起警示。父母在处理孩子的物品时，要征询孩子的意见，不能强行处理孩子的东西，这样会伤害孩子的自尊，让孩子产生反抗行为和不安全感。长大后，这类孩子易怒、自卑、疑心重，无法与他人平和相处。

"物权"意识是孩子自我中心反抗期的表现。无论是别人送的，还是父母给的东西，孩子都会贴上"我的东西"的标签，认为自己具有所有权和支配权，别人不能侵犯他的私有财产。

我们是朋友

父母想和孩子成为无话不谈的朋友，就要让他相信，和你聊天没有被惩罚的威胁。如果有一天，你的孩子怯生生地说："我不敢说了。"此时，父母应该反省：我是不是把当孩子朋友的资格失去了？

有一次，丹丹妈跟我说："这次我可逮着她了，看她下次还敢不敢那样做。"

我问："又是丹丹的事吧？"

她说："是啊，她偷偷地拿了奶奶的钱。我用好话哄着她，她就全部告诉我了。我听了以后很生气，狠狠地教训了她一顿。"

我笑着说："刚才我听见丹丹哭，原来是因为这事挨打了。"

丹丹还会偷钱吗？这个我不知道。但是，我肯定丹丹不会再上她妈妈的当了。此后，丹丹再也不会把自己的秘密告诉妈妈了，不管妈妈怎么哄她。

孩子常常想和父母做朋友，所以他们常常会把自己的一些"坏事"告诉父母，这是孩子在主动和父母交流。

可是，很多父母却把这个宝贵的亲情交流机会给毁了。孩子的话还没说完，巴掌就已经落在了孩子的脸上。从此，孩子学乖了，也变得聪明了，父母不再是朋友，有些秘密不能跟父母诉说。当父母想听孩子的秘密时，却发现孩子已经渐行渐远，对父母敬而远之了。

我打开邮箱，经常看到类似的信件，如："我的儿子上初中了，我担心他，怕他学坏，所以很想成为他的朋友，了解一下他现在心里想的是什么，可是，他却什么话也不跟我讲。我该怎么办呢？"

我总会回答：要想和孩子成为朋友，就不要让他和你聊天时，有被惩罚的威胁。

然而，可惜的是，很多父母在孩子年幼时，就失去了做孩子朋友的资格了。

桐桐从小就喜欢和我聊天，因为我总能信马由缰地逗她开心。在和桐桐打成一片后，她总会把心中的小秘密告诉我，而我也总会为她保密。

有一天，桐桐对我说："爸爸，我跟你说一件事，你不会生气吧？"

我说："不会生气的，我们是朋友呀。"

桐桐压低声音说："我把妈妈的化妆品弄坏了。我给洋娃娃化妆时，一不小心，它就掉到了地上。"

我急忙说："我会替你保密的，你快领我我看看。"

我从地上把盒子拿起来，打开一看，是一盒眼影粉，全摔碎了。

桐桐很紧张，知道自己闯祸了，一个劲儿地问："爸爸，妈妈会不会打我呀？"

我说："不用担心，妈妈不会打你的。这件事，交给我来办好了。"

我赶紧出门，去买了一盒新的眼影回来，帮桐桐解决了这件事。经过了这些事，我和桐桐成为了无话不谈的好朋友。

想要和孩子成为无话不谈的好朋友，父母就要让孩子相信，和你聊天没有被惩罚的威胁。如果父母以权威的身份，诱使孩子说出真话后，再加以责罚，那么孩子就不敢和你做朋友了。

如果有一天，你的孩子怯生生地说："我不敢说了。"此时，父母应该反省：我是不是把当孩子朋友的资格失去了？

孩子是有颜色的

> 生活中，有许多父母在逆孩子天性而为。明明孩子爱动，偏要他坐着弹钢琴；明明孩子喜静，偏要她学唱歌曲艺。这种家庭教育，是没有尊重孩子的个性。

孩子从孕育的那刻起，许多东西就已经确定了。就拿桐桐来说，父母是决定了的，她的生存环境也大致定型了。她出生后，不论她是否愿意，这些客观的东西，都会为她的人生涂上底色。我身为她的父亲，也无法完全改变这一切。

桐桐出生后，妻子、我、母亲是离她最近的人。我们的一言一行，一颦一笑，都在潜移默化中为桐桐染色。上幼儿园了，那里的老师和小朋友也在桐桐的人生中涂抹着颜色。

上述的一切，都是我这个父亲无法完全掌控的。由不得我，桐桐已经带着底色，来到了我的生活中。一天又一天，她身上的颜色越来越多，最终形成独一无二的个性色彩。这种色彩只属于桐桐，成就了桐桐无法复制的唯一性。

我的任务呢？我只能观察。我要看出桐桐的颜色。然后，顺应她的本色，让她愉悦开心地做最好的自己。我得首先发觉桐桐的天性，知道她是一个怎样的孩子。

有一天，我在观看她和一群孩子玩。我发现，桐桐很活跃，敢爱敢恨，有什么事就马上说出来。桐桐一直在我的眼前跳跃着，就像一团红色的火焰。

对了，活跃、跳动、红色，正是桐桐的底色。桐桐是个开朗热情的孩子，她的底色中，是带着红色的。

有的孩子很安静，总是一个人默默地玩，专注于自己的事。这类孩子，人生底色是冷色调的，他们的逻辑思维能力强，能够专注地做事。

我发现，只要用心观察，马上就能发现孩子的底色。例如，丁丁爱闹，时常烦躁，总是静不下来，对什么都无法持久。我知道，他的人生底色是黄色的。

其实，无论是哪一种颜色，都有优点和缺点，每一种底色都能呈现出精彩多姿的人生，关键是看父母如何引导孩子，让孩子依照天性，做最好的自己。

发现了桐桐的底色后，我知道她喜欢运动，喜欢新奇的事物，喜欢变动刺激的事情。

一到星期天，我就会带桐桐出去玩，有时候是全家人出动，有时候是父女俩逛街，总之，很少呆在家，我们把活动范围拉到了户外。户外的天空更广阔，很合桐桐的口味。在这里，她学会了滑冰；她欢快地玩着滑板；每天放学后，她骑着一辆单车，和一群孩子在路上追逐。

暑假到了，桐桐随我们去旅游。我们一起爬山，一起漂流，一起坐上热气球。在这些活动中，桐桐挥洒着她的热汗，把银铃般清脆的笑声，撒满了她经过的每一个地方。我看见，桐桐在这些活动中，浑身散发着热情和活力。她像个快乐的小精灵，享受着自己，享受着属于她的世界。

孩子生下来都是一张空白纸，但并不是一张白色的纸，而是有底色的空白纸。这种底色，正是孩子的本初个性，它与遗传有关，也与母亲怀孕时的胎教有关。

作为父母，我们的任务是：找准孩子的人生底色，知道孩子的个性是什么。

生活中，有许多父母在逆孩子天性而为。明明孩子爱动，偏要他坐着弹钢琴；明明孩子喜静，偏要她学唱歌曲艺。这种家庭教育，是没有尊重孩子的个性。

人的个性，一半是天赋，一半靠培养。如果是天生的，却要去强行改变，痛苦必定是孩子和父母双方的。父母能培育的，是后天的那部分；父母应该顺应的，是天赋的那部分。

我时常观察着桐桐，从一些细节中，发现她是个怎样的孩子，喜欢什么人，喜欢怎样做事，喜欢快还是慢。发现这些特性后，我再来指点她的言行，她都非常乐意接受。我知道，找准了桐桐的颜色，我才能做个好爸爸。

我就要一个人在家

> 时常，我们觉得孩子有时很蛮横，有时却又非常乖巧，其区别就在意愿上。尊重了孩子的意愿，孩子才会向父母靠近，愿意变得乖巧、体贴。

有一次，我出差了，妻子和母亲有事要回老家一趟，大约一个星期。桐桐在北京还有一个姑婆，妻子便把桐桐托给了她。这件事，她至始至终没跟桐桐商量。妻子和姑婆打好了招呼，星期五放学后，就直接送桐桐过去了。

半路上，桐桐突然哭了，她问妈妈："为什么要去那里？你总是这样，我不喜欢去那里，我就要一个人在家。"妻子说："这事没商量。我们要去一星期，你一个人在家太不安全了。"桐桐知道妈妈心意已决，只好住进了姑婆家。姑婆年纪大了，喜欢孩子，对桐桐很好，她很快就喜欢这儿了。

有一天，姑婆说："桐桐呀，星期天你小建哥哥要过来，你多住两天吧，他说要和你玩呢！"桐桐听说是小建，就高兴地答应了。

星期五的晚上，妻子一回北京，马上去接桐桐。妻子一想到送桐桐去的路上，她哭着说不喜欢，就怕她呆不了，于是想尽快接回她。

这一次，桐桐见到妈妈，又哭了，她说："我不走，我要等小建哥哥呢，你先回去。"妻子见状很纳闷，她问："你怎么回事啊？来的时候，你也哭，现在接你走，你又哭。你就是想和我闹别扭吗？"桐桐说："我就是不想走。"姑婆见状，就跟妻子解释，让她听桐桐的，在这里多玩两天。妻子还想劝说，但姑婆执意挽留，她只好同意了。

没想到，桐桐的意愿被尊重后，那两天特别听话。她每天好好吃饭，好好睡觉，跟刚去时判若两人，这些都是姑婆后来反映的。

小建哥哥去了以后，桐桐从早到晚都跟着他，寸步不离。

两天后，妻子又过来了，这一次，桐桐丝毫没有拒绝，她高高兴兴地收拾东西，跟着妈妈回家了。一路上，桐桐还主动给妈妈讲笑话，说一些她觉得好玩的事。

一来一回，妻子也感觉到桐桐判若两人。她把疑惑告诉了我，我听后笑话她说："亏你还做妈妈呢！连这点都不清楚。桐桐不是讨厌去姑婆家，也不是讨厌回家，她是在讨厌你，因为你不尊重她的意愿。"

妻子说："那我就委屈了，我们急着赶回老家，哪能顾及她的意愿？我帮她都安排好了，多好呀，还要她同意？跟她磨蹭，我都回不去了，也办不成事儿了。"

我说："你事先可以跟她打个招呼，表明你想征求她的意愿，这样她就不会别扭了。你什么也不说，她当然觉得你太强权了。"

妻子说："也对，难怪在回来的问题上，我依了她，她变化会这么大。"

我说："孩子就是这样，很在乎别人的态度。应该尊重孩子的意愿，无论是大事小事，只要是孩子的事，孩子都是最重要的决定人，父母不能越俎代庖，强行打压孩子的意愿，执行自己的意愿，这样只会让孩子讨厌。"

时常，我们觉得孩子有时很蛮横，有时却又非常乖巧，其区别就在意愿上。尊重了孩子的意愿，孩子才会向父母靠近，愿意变得乖巧、体贴。

一套紫砂茶具

孩子不小心摔坏物品，或者损坏东西，这种事很常见。此时，多数孩子会恐惧、后悔、难过，陷入自责之中。对这类情形，父母应给予宽容，适当安慰孩子，而不要责骂。

我看过一则报道。有一位父亲，特别爱车。他花近十年的积蓄，买了一辆心仪的车，一直把汽车当宝贝看。

有一天，父亲在院子里洗车，屋内的电话响了，他赶紧进屋接电话。儿子看见了，就过来帮爸爸洗车。突然，儿子想起了幼儿园的绘画，就拿起彩笔，在白色的车身上画了起来。

不一会儿，车头就被画得花花绿绿，正在这时，父亲出来了。父亲看见爱车变成这样，二话没说，冲上前就给了儿子一耳光。结果，这一巴掌，打破了儿子的耳膜。悲剧就这样产生了。事后父亲得知，儿子是想画一幅画送给爸爸，没想到，爸爸不需要他的礼物，爸爸只疼惜自己的汽车。

孩子"犯错"，是每个家庭中常有的事情。在这类事件中，往往是孩子受到较大的伤害，下面的这件小事，正可说明这一点。

有一天，桐桐和表妹乐乐在家里玩。桐桐说："我妈妈去无锡出差，带了一套紫砂茶具，特别的好看，我拿给你看看吧！"乐乐很好奇，桐桐就去拿。茶具放在一个柜子的顶部，桐桐站在椅子上去够，就在她够到茶具的包装盒时，没想到盒子太重，她完全托不稳，茶具盒一下子掉到了地上。

"哐当"一声后，桐桐和乐乐都惊呆了。紧接着，妻子也惊呆了，然后是尖叫、责骂。

我出来时，只看到桐桐全身在发抖，因为恐惧，也因为内疚。妻子一说，她马上就哭了。桐桐说："我错了，我再也不乱碰东西了。"妻子说："现在说这些都晚啦！摔坏的紫砂壶能变回来吗？"说完，妻子就气愤地进屋了。桐桐伤心坏了，不仅因为妈妈生气了，也因为东西全摔坏了。

我见桐桐哭得很伤心，就过来安慰她："好了，没事了，碎了就碎了。以后，爸爸让朋友再带一套回来。"桐桐说："带回来的就不是这套啦！爸爸，我真后悔，我是坏孩子。"我说："胡说，摔破东西就是坏孩子？爸爸不同意。谁都有失手的时候。"

尽管我一再安慰她，妻子也原谅她了，但她依旧伤心，后悔自己的失误。

后来，妻子也觉得桐桐自责过度了，开始后悔自己当时没顾及桐桐的情绪，加深了她的负罪感。

经过了这件事，我发现，孩子在不小心摔坏东西后，最受伤害的竟然是孩子。首先，东西是她打破的，她会自责、内疚；其次，父母的责备，更是在伤口上撒盐；再次，孩子对物品有感情，东西不复存在了，她也会心疼。

所以，孩子出现了类似的失误，父母一定要小心处理。孩子不小心摔坏物品，或者损坏东西了，是常有的事。此时，多数孩子会恐惧、后悔、难过，陷入自责之中。父母应宽容孩子，适当安慰孩子，减轻孩子的心理压力，而不要去责骂。

渴望那温柔的语气

孩子越长大，父母更应该注意说话的语气。孩子渴望被尊重，渴望平等的亲子关系，渴望父母的好语气。

有一天，桐桐班上组织春游，她为此很兴奋，早早地就开始准备了。可惜天公不作美，早晨她兴冲冲地出门后，马上就下雨了。

不一会儿，桐桐阴着一张脸回来了。进门时，她"砰"的一声把门关上。妻子赶了出来，看到桐桐的样子，马上讽刺道："怎么啦？下雨是门的错吗？不是还有下回吗，干嘛呢！"桐桐被妈妈一触火，马上爆发了，没说话，直接就呜呜地哭了。妻子见状，纳闷了，又说："我说什么啦？怎么天下雨，你也开始下雨啦？"桐桐一听，心里更不是滋味，直接冲进了卧室，趴到床上去哭了。

妻子也很懊恼，走进屋子，跟我抱怨："她是不是太敏感啦？我还没说什么呢，她倒先哭上了。"我叹了口气说："你们这对母女呀，就是天生的冤家。你跟女儿说话，非要用那种口气吗？她心情不好，你语气还不好，不是点着炸药了吗？"妻子说："这还能怪到我的语气？"

的确，在亲子交流中，许多不必要的冲突，都是由语气引发的。时常，孩子本没有情绪，父母的语气太差，反倒激起了孩子的怒火。其实，妻子并不打算让桐桐伤心，只是想讲一个道理，让桐桐宽心点。结果，她是帮了倒忙，还不如不说的好。

妻子看桐桐真是伤心了，又开始心疼了。她没有去劝，走进了厨房，我知道，她想为桐桐做一顿好吃的，用这种方式向桐桐道歉。我看着妻子，心想，早知现在，何必当初呢？

父母在和孩子交流时，常因图一时的口舌之快，或想卖弄权威，结果语气太差，伤到了孩子。事后，看着孩子伤心决裂的样子，又开始后悔，想要弥合，结果，白白耗掉了亲子间的情分。尤其是孩子年纪越大，这种伤害会越深，愈合时间会越长。

语气说小不小，它能反映出说话者的态度。是平等的，是盛气凌人，是谦恭的，是愤怒的，都能由语气透露。语气显示出说话双方的关系，孩子对父母的语气很敏感。

要吃午饭了，妻子让我去叫桐桐，我只好去了。不一会儿，桐桐出来了，看到一桌子的好菜，都是她爱吃的，也明白了妈妈的心意。这时，妻子轻轻地说："桐桐，快过来吃饭吧。"桐桐乖乖地过来坐好了。这一顿饭，吃得很安静，但我知道，桐桐已经原谅妈妈了。吃完饭，桐桐进屋去看书了，妻子出门办事去了。

我在书房里写东西，没有去打扰桐桐。我知道，她在慢慢恢复，调整好情绪，愈合这道小伤口。

语气呀，语气。孩子越长大，父母更应该注意说话的语气。孩子渴望被尊重，渴望平等的亲子关系，渴望父母的好语气。

爆料

父母眼中的孩子，不一定是最真实的，只有多了解，才能知道孩子真实的样子。孩子的老师、同学、朋友，都是了解孩子的信息源。父母多接触他们，能够加深对孩子的了解。

有一次，我端着一缸小金鱼去广场散步，顺便让金鱼晒晒太阳。正在广场玩的莉莉见了，走了过来，她问我："成叔叔，这鱼是桐桐养的吗？"

我点点头说："是呀，她去练琴了，我来帮她晒晒鱼。你养鱼了吗？"

莉莉说："我挺想养的，可是我妈妈不同意。因为我们家养了一只猫，妈妈怕猫偷鱼吃。"

我笑了，说："是吗，你们家猫这么厉害呀？"

莉莉说："是呀，每次妈妈买鱼回来，它都第一个跑过去。"

我看了看莉莉，问她："叔叔问你一个问题，你悄悄地告诉我。你认为桐桐有哪些缺点呀？"

莉莉看了我一眼，说："我觉得，你对桐桐特别好，我真羡慕她。桐桐喜欢哭，有一次，我们一起玩游戏，她和妞妞抢一个好位置，结果她输了，我们笑话她，她就哭啦。"

我说："是吗？这事可没听她说过，我还不知道呢！"

莉莉觉得很好奇，她说："桐桐没说呀？我还以为，她肯定要和爸爸妈妈说呢。"我摇了摇头。

莉莉见状，又给我爆料了几件桐桐的事。这些事虽然是小事，但是桐桐都没和我说过。我和莉莉聊天时，也发现了莉莉眼中的桐桐是什么样子的。莉莉觉得，桐桐喜欢帮助人，爱打抱不平，有点娇气。不过，桐桐在玩游戏时，是一个高手，每次和她一组，成绩都会特别好，莉莉喜欢和她玩。

虽然我和桐桐接触的时间很长，但是，我对她的了解并不全面。我不是全天二十四小时陪伴着桐桐，她有很多事，是我不知道的。

每次我去幼儿园里接桐桐，如果刘老师有时间，我都会去找她聊会儿天。有时我会讲讲桐桐在家的情况，有时是听刘老师讲桐桐在学校的表现。

刘老师说了几件事后，我发觉，桐桐在学校要比在家里坚强。刘老师说，有一次，桐桐吃饭时，不小心把饭洒了，她就找到老师，说明了情况，她们又去食堂要了一份。刘老师说，有一些孩子出了这种状况，什么话都不说，马上就在坐位上开始哭，直到老师赶来解决。但是，桐桐没有哭，她很平静。我心想，是呀，她年纪也不大，遇事还挺镇静，一点也不慌。

有一次，我和妻子都有事，就把桐桐托给了一个亲戚。回来后，我们听亲戚讲了很多桐桐的事。晚上，桐桐在亲戚家睡醒了，突然喊："爸爸，我要喝牛奶。"结果一扭头，发现不是在自己家，赶紧又说："哎呀，我睡糊涂啦。"听亲戚这么说，我发现，桐桐在外人面前，还是比较懂事乖巧的，这可能就是她的自尊心吧。

其实，孩子的老师、同学、朋友，都是了解孩子的信息源。父母多接触他们，能够加深对孩子的了解。孩子的朋友，成了父母的朋友，也就多了一条与孩子沟通的心路。

父母眼中的孩子，不一定是最真实的，只有多了解，才能知道孩子是什么样子的。有的孩子，在家里特别闹腾，天不怕，地不怕的。但是，一旦去了学校，去了陌生的环境里，马上就很安静了，变得很顺从。这些现象，都需要父母主动去获取，然后进行分析，及时找出问题所在，给孩子一个好的引导。

教育要由了解开始，没有深刻的了解，就谈不上好的教育效果。主动获取孩子的各种信息，也是了解孩子的一种途径。

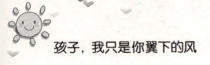
遥控汽车风波

> 孩子间的小"纠纷"非常多，其实都不是大问题。信任孩子，不干涉孩子，孩子往往能更好地处理"纠纷"。

一个周五，我去幼儿园接桐桐，刘老师正好没课，就和我聊起了天。

刘老师说："成老师，我发现，如今的家长太累了。

我说："您为什么这么说？

刘老师说："幼儿园里，孩子们常闹矛盾，严重时还打架。每次出了事，最忙的是家长和老师。打人的孩子的父母，千叮嘱万叮嘱，不能让他的孩子再伤害人了。被打的孩子的父母也叮嘱，要教会孩子自我保护。我们则向家长保证并解释，一定会加强这方面的教育。"

听她说，我笑了，我说："最后，这类小纠纷都成了大人们的事，对吧？"

刘老师点点头说："你不知道，出了这种事，孩子倒不觉得什么，家长们都紧张坏了。"

我说："那是父母太不信任孩子，觉得这类事，他们不管，孩子就解决不了。"

刘老师说："是啊，结果，每次孩子一打架了，家长总会找来。"

我说："这类父母有点累。这种事，完全可以信任孩子，让孩子自己解决。再说，不是还有老师吗？"

刘老师说："是啊，所以我想开一次家长会，针对这类事，请父母们放手，信任自己的孩子，让孩子自己来解决小纠纷。"

我说："这个想法不错。其实家长什么道理都懂，只要您提出来，相信家长们会赞同的。毕竟，这样是为孩子好，对吧？"

刘老师听我这样说，很高兴，她说她会马上着手准备，早日把这份信任还给孩子们。

不久之后，我带桐桐去广场玩，碰上了丁丁。桐桐手里拿着一辆遥控汽车，丁丁的是遥控飞机。两个孩子很快玩到了一块儿，桐桐玩起了飞机，丁丁玩起了汽车，我在周围散步。

远远地，我看到两个孩子闹起来了。原来，丁丁想一手玩一个，不给桐桐玩了，桐桐生气了，就跟丁丁抢遥控。桐桐和丁丁都死死抓着遥控器，都不撒手。我见状，赶紧躲到树后，继续观察。

这时，丁丁急了，腾出一只手，猛推了桐桐一下，桐桐站立不稳，摔了个屁股墩。桐桐也生气了，她没哭，马上爬起来，又冲过去抢遥控器，边抢边说："汽车是我的，凭什么你要抢，我不玩你的飞机了。"桐桐的力气也不小，她马上抢回了汽车遥控器。丁丁见状，也知道汽车是桐桐的，就不敢再抢了。马上，两个孩子像仇人似的分开了。丁丁在远处玩飞机，桐桐在另一头玩汽车。

我看了看桐桐，她没有哭，也没有找爸爸，仿佛对这个结局很满意。虽然刚才的撕扯中，她的头发都弄散了，对此，桐桐并没有介意。

又过了好一会儿，我才现身。我说："桐桐，不玩了，我们回家吃午饭吧！"桐桐乖乖地走了过来。我看见丁丁远远地躲着我们，他肯定怕桐桐告状。

我假装什么都不知道，轻松地说："桐桐，下午我们去哪里玩呢？你说吧，只要合适，爸爸就同意你了。"桐桐一听说要出去玩，马上说："爸爸，我想去看樱花。听说现在樱花都开了，我要去照相。"我说："好啊，那你要

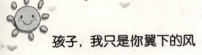
回去换一套漂亮的衣服，这样照出来更好看。"桐桐一心想着出去玩的事，也就没提到刚才的一幕。

孩子间的小"纠纷"非常多，其实都不是大问题。信任孩子，不干涉孩子，孩子往往能更好地处理"纠纷"。一些父母显得忧虑、忙碌、疲惫不堪，都是不信任孩子，管得太多惹的祸。

不想再练琴了

> 孩子对父母情绪的感知力是非常敏锐的，父母无奈、沮丧的情绪，会迅速传染给孩子，间接导致孩子的"问题"。

桐桐到了上学的年纪，妻子开始担心桐桐的升学问题。有一天，她对我说："如果桐桐上不了重点小学，那就太丢人了。我同事的孩子，大部分都是在上重点小学。所以，我也要让桐桐上重点。"

我说："那是你自己的想法吧？"

妻子瞪了我一眼，说："给孩子选择一所好的学校，对孩子的发展是很有利的。重点小学的师资力量强，还有直接升重点初中的优惠政策。我可不能让桐桐输在起点上。"我和妻子的这些讨论、争论，都被桐桐听见了。

不久，桐桐的学习热情和练琴热情都受到了影响。终于有一天，桐桐爆发了，哭着说："妈妈，我永远也不要再练琴了。"我们都很诧异，问桐桐原因。桐桐说："太难了，老师又批评我了。"我知道，是因为妈妈一直在说重点小学的事，还说要她考级，所以桐桐觉得压力很大。

有一天，桐桐问我："爸爸，如果我上不了重点小学，是不是很严重呀？"

我说："这不是你该关心的事。小小年纪，不用担心这么多。"

桐桐气愤地说："我都听你们说了，这就是我的事。我现在越来越担心了。"这时，我才发现，我和妻子的焦虑情绪，已经严重地影响到了桐桐。

孩子对父母情绪的感知力是非常敏锐的。如果父母焦虑，孩子也会跟着焦虑起来。

我曾经看过一本书，书上讲一个心理机构把一些"问题孩子"的父母组织起来，让他们相互倾诉自己的无助和失落情绪。结果发现，父母间的许多消极情绪是相似的。"问题孩子"的父母把问题都放在了孩子的身上，却不从自己的身上找原因。父母的不良情绪，都会迅速地传染给孩子，这就间接地导致了孩子的"问题"。父母要想让孩子有一个好的未来，要先学会转变。

我想到这些，又看了一眼桐桐的苦瓜脸，开始自责。我对桐桐说："你想练习就练，不想练习就别练了。咱也不考级了，行不？"

桐桐说："那重点小学的事呢？"

我说："最好的学校未必适合你。只要桐桐喜欢的，就是好的学校。"

桐桐压低了声音，说："妈妈会不会难过呀？"

我说："妈妈很爱你，也觉得桐桐高兴才是最重要的。琴还是要练习的，毕竟你都坚持这么久了，不能轻易说放弃。"

桐桐点点头说："我这两天少练点，可以吗？"

我说："可以，没问题。"听到我这么说，桐桐的脸立马由阴转晴，笑呵呵地去写作业了。

晚上，我和妻子商量了这件事。桐桐哭着坚持不练琴，妻子也很担心。我给她分析了原因，说："桐桐不是不喜欢琴了，只是受到了我们负面情绪的影响，你不用过于焦虑。"

妻子问："我的情绪就那么差吗？"

我说："最近，你天天都是苦瓜脸，还爱发火，你还能说不差吗？"

妻子回想了一下，然后点点头，又问："那学校的事情呢？怎么办？"

我说："你可以去张罗学校的事，但不要让桐桐知道。有什么事情，我们商量就行，不要对孩子造成任何影响。不一定非要让桐桐上重点，还是顺其自然吧。"

就这样，我和妻子一致决定，不在桐桐面前谈论学校的事。一段时间后，桐桐又开始高兴地练琴了。

好情绪，坏情绪

为什么很多孩子总觉得父母不爱自己？原因在哪里呢？答案是：父母无视他们的情绪。爱孩子，父母要从关注和接纳孩子的情绪做起。

上小学后，桐桐感觉很吃力。一是家庭作业增多了，二是考试次数也变得频繁起来。

有一天，桐桐回到家，跟我说："爸爸，老师布置的作业真多呀。我要是把老师布置的作业都做完，那会把我累死的。"

我看了看桐桐，她皱着眉头，一脸不高兴的样子。这件事，我也没有办法。现在的孩子学业负担很重，桐桐也不能幸免。她有点情绪，我也能理解。

我说："要不，你先躺在沙发上休息一会儿，待会再去写作业。我给你削个梨，好不好？"桐桐躺在沙发上，一动也不动，看来她今天真是有点累。

桐桐说："爸爸，下星期又要单元测试了。"我说："既然要测试，那这个星期天你得花点时间复习一下功课。"桐桐叹气说："嗯，我正在为这个发愁呢。"桐桐吃完梨休息了一会儿，就起身进书房，开始安静地写作业。

孩子的情绪是变化多样的，他们有高兴的时候，也会有难过的时候。当孩子出现消极的情绪时，父母忽略它，孩子心里会很失落；打击它，孩子会受到伤害。此刻，父母需要去关注和接纳它，孩子才能迅速地变得积极乐观起来。

有一次，桐桐班上组织郊游。可是，他们刚出门就下起雨来，郊游也不得不取消。回到家后，桐桐情绪变得很糟。妻子见了，就讽刺桐桐脸色差，结果母女俩马上开战。最后，桐桐哭着跑回自己的房间，妻子心里也很不好受。

事后，妻子说："我也不想跟桐桐发火，可是每次一看到她发脾气，我的脾气也上来了。"

我说："在这一点上，你做得不如桐桐好。"

妻子疑惑地看着我，我接着说："当你心情不好时，桐桐会变得很乖，很体谅你。而当桐桐遇上烦心事，心情不好时，你却从不体谅她的心情，还跟着她一块儿烦躁，是不是？"妻子想了想，点点头承认了。

在亲子沟通中，父母要学会接纳孩子的情绪。无论孩子高兴、悲伤、痛苦还是孤独，父母都应该关注、接纳和尊重孩子的情绪。然而，父母往往会忽略了孩子的情绪。当孩子的情绪处于暴发的边缘，父母却很漠视，甚至给炸药包上点火，这两种方式，都是在直接地伤害孩子。

相比于成人，孩子不太会隐藏自己的情绪。如果父母用心观察，很快就能够察觉孩子的情绪是好还是坏。

妻子说，她只要一看到桐桐发火，她的火也会跟着往上窜，无法控制住。其实，出现这种情况，是因为尊重不够。在妻子眼中，桐桐是个小孩子，自己有绝对的权威，可以不在乎她的情绪。

妻子反驳说，她很在乎桐桐，可是在乎孩子跟尊重孩子的情绪是两码事。我问她："如果你的同事有情绪了，你会像对待桐桐那样去对待你的同事吗？"

妻子立马回答："肯定不行，这样岂不是把对方给得罪了。"

我笑笑："问题就在这儿呀。你觉得和桐桐亲，就总是忽略桐桐的情绪，这其实也是一种伤害。桐桐看到你发火，心里肯定也特别不好受。"

妻子说："有时，我也察觉到了，但没放在心上。"

为什么很多孩子总觉得父母不爱自己？原因在哪里呢？答案是：父母无视他们的情绪。爱孩子，父母要从关注和接纳孩子的情绪做起。

不动的话，真像个淑女

> 孩子敢把自己的感受、想法说出来，表明亲子关系是开放的，能自由交谈，无所顾忌。父母用接纳的态度对待孩子的发问，聆听孩子的想法，就是在爱孩子。

桐桐的个性中，有点儿男孩子气。她非常喜欢运动，踢球、跑步、跳绳、滑滑梯，样样都爱。桐桐由运动爱上了运动装，平时她身上穿着运动服，脚下踩着运动鞋，如果再剪个小碎发，从背后看，就是一个小男孩。

桐桐上小学了，有几次，妻子带她去赴宴。大家都说，桐桐这孩子，挺大气的啊，不像个女孩子。妻子听了，又看看别人的女儿，文静秀气，挺乖巧的样子，对桐桐不满意了。

一回到家，妻子告诉我，她要改装桐桐，把她变成一个小淑女。我很吃惊，问她要怎么改装。妻子告诉我，她要从衣服上改装。周末到了，妻子就带着桐桐上街了，晚上回来时，母女俩提了一大包东西，妻子一件件打开，都是一些漂亮的公主服，还有两套裙子。

我看了看说："呀，真漂亮呀，你穿这个，不动的话，真像个小淑女。"桐桐似乎有点不高兴，脸上没有一点笑意。我问她俩："怎么，买衣服时又吵架啦？"桐桐说："妈妈一点不听我的，我说要这种，她偏要那种，都是她选的。"我看了看妻子，她说："桐桐选的，都不像是女孩子穿的，还不好看，我怎么能听她的。"

第二天，桐桐换上了新衣服。刚出门，邻居们就夸："哟，穿得真漂亮，多漂亮一个小姑娘呀。"桐桐听到大家夸，脸上也有了笑意。

晚上，我去学校接桐桐。远远地，我就看见桐桐哭着跑过来了。我一看，白花裙子变成了黑花，赶紧问："怎么啦，怎么这么脏呀，你摔跤啦？"

桐桐沮丧地说："讨厌妈妈，非要我穿这个，我都玩不了啦。今天，我玩滑滑梯，不到两趟，后面全脏啦。后来，我玩跳绳，裙子总是绊住跳绳，差点摔跤了。大家都笑话我，不和我玩了。"我看了看桐桐的狼狈样，看着她的苦瓜脸，心想，这可真是难为她了。

回到家，妻子看了看桐桐的样子，很不高兴地说："怎么别人穿没事，就你穿弄成这样啊，你不能安分点玩吗？"

桐桐心情很不好，还被妈妈训，她抗议说："不，我明天再不穿了。我要穿小背心，小短裤，我自己穿它们。"

妻子看着桐桐，桐桐也看着妻子。两个人的倔劲儿都上来了，我站在中间，不知该劝谁。我想了想，对妻子说："穿衣服的事，是桐桐的事，我们还是尊重她的想法吧！"

妻子说："她懂什么，都是让你给宠坏了。"

桐桐反驳说："妈妈，为什么我不懂？我喜欢穿的，就是最好的。你为什么非要我穿裙子嘛，我就不喜欢它们。"

妻子看看我说："你看，她不听就罢了，还顶嘴。"

我笑笑说："她在说自己的想法呀。她愿意说，就很好。我觉得这是小事，就听桐桐的吧！"

其实，孩子敢把自己的感受、想法说出来，表明亲子关系是开放的，能自由交谈，无所顾忌。父母用接纳的态度对待孩子的发问，聆听孩子的想法，就是在爱孩子。

桐桐虽然在顶嘴，看她敢自由表达想法，我还是非常高兴的。最终，妻子妥协，桐桐坚持了自己的意愿。

她真这么说？

赏识出自他人之口，往往更客观，更令孩子信服。因为来自他人的夸奖更能让孩子的自尊心、自信心得到满足。

有一天，桐桐懊恼地问："爸爸，你说王老师是不是不喜欢我了？"

我忙问："为什么这么说？你语文这么好，她不是非常喜欢你吗？"

桐桐说："最近，她上课不喜欢点我回答问题了，作业也看得不认真。有一次，我有个字多写了一个点，她都没看出来。"

我听了，赶紧安慰她说："肯定是你多想了，她挺喜欢你的。"

我的话，桐桐一点都不相信。她依然觉得，王老师不喜欢她了。我见状，就主动去联系王老师。我针对桐桐的疑问，询问了她对桐桐学习的看法。王老师听后笑了，说："桐桐一直表现不错，我对她的学习很放心，所以，最近课堂上，我很关注一些有潜力的中等生，想给他们更多的机会。桐桐做作业很认真，我看作业时会松一点。桐桐是我最放心的学生之一，我很欣赏她。"

得到答案后，我就放心了。一回家，我就把实情跟桐桐汇报了。听完后，她激动地拉着我的手求证："爸爸，你没有骗我，王老师真是这么说的？"我点头后，桐桐高兴坏了。这是王老师第一次如此直接地夸她。她只知道王老师喜欢她，不知道竟是如此喜欢。马上，桐桐又恢复了学习热情，她继续认真听课，认真做作业。

月末的单元测试，桐桐又考了满分，作文一分也没扣。这个成绩让王老师和桐桐都十分满意。我知道，她这次的成绩，得益于王老师的夸奖。王老师的话出自真心，桐桐也更相信，所以备受鼓舞。

自从发现这个动力源后，我就常常借别人的口，来夸奖桐桐。我在小区碰到熟人，喜欢说桐桐的近况，说她的小进步。这些话迟早会由他人之口，再次传给桐桐。

有一次，我对小赵说："不到两天，桐桐就学会滑板了，真快。"小赵回家后就对丁丁说："桐桐两天就学会滑板了。你妈还陪着你练，快一个星期还没学会，你也得加油啊。"后来，丁丁跟桐桐说："我爸夸你滑板学得快。"桐桐听后，心里美滋滋的，学滑板更用功了。

有一段时间，桐桐挑食严重，我们想了很多办法，她依旧排斥一些食物，例如大蒜。

有一天，咪咪说她肚子疼，吃了一点大蒜，没吃药就好了。当时桐桐在一旁玩，我故意问咪咪："这么灵吗？大蒜还有这个好处？"

咪咪赶紧说："是呀，我说，大蒜好处多着呢，还能杀菌！"

我说："是吗？那它还真是一个宝，每天吃一点，能预防不少病，对身体好哇。"

咪咪说："对呀，成叔叔，我们家人都爱吃大蒜，尤其是我爸，每顿饭都吃，身体好着呢。"

我听后忙说："嗯，那以后，我也要常吃大蒜。"我一直偷偷地看着桐桐，发现她也在用心地听着。

晚上，我故意让妻子做了凉拌黄瓜，放了不少蒜泥。桐桐爱吃黄瓜，但是不准放蒜。这一次，桐桐似乎听进了咪咪的话，她没说什么，吃上了拌蒜泥的黄瓜。我常夸大蒜的好处，但桐桐从不愿意听，认为我在说教。这一次，咪咪无心地夸大蒜，桐桐倒是信服了，解了她不爱吃蒜的心结。

赏识出自他人之口，往往更客观，更令孩子信服。因为来自他人的夸奖更能让孩子的自尊心、自信心得到满足。父母善用他人之口，间接地夸奖孩子、帮助孩子，效果会更好。

4

别让爱阻碍了孩子成长

呀，怎么把鞋穿反啦

蔬菜是给兔子吃的

花钱的问题

哭的权利

嘴上有疤的小姑娘

春蚕不咬人

你真烦人，给我闭嘴！

你知道我最好的朋友是谁吗？

可怕的『冷控制』

黄瓜怎么能和萝卜比呢

一朵纸玫瑰

爱的方式错了

呀，怎么把鞋穿反啦

孩子努力地做事，会很在意别人的评价。如果父母不注意，就会伤到孩子，让孩子讨厌尝试了，这样多不值。恰当的评价，能让孩子鼓足尝试的勇气，掌握得更多的技能。

一岁多，桐桐会走路了。每次，家里要开饭了，她会走过来说："桐桐坐，桐桐坐。"我和妻子轮流抱着她，让她坐在餐桌前，和我们一同吃饭。

刚开始，桐桐用手指，说："这！"我们知道她想吃啥，就给她夹一点放到嘴里，时不时，也给桐桐喂一勺子饭菜。基本上，我们吃饱了，桐桐也吃了大半碗了。大家都觉得很省事，桐桐也吃得开心。

可不到一个月，桐桐有意见了，她总是抢勺子，要求自己吃。我们试过几次，她总是分不清正反，一勺子饭，端起来是正的，快到嘴边时却反了。结果一勺饭一颗也没吃到嘴里，全倒在地上了。

这样几次后，妻子说："别让她自己吃了，根本吃不到嘴里。"奶奶也说："太小啦，多浪费粮食呀。"桐桐虽然小，也听明白了我们的意思。她越发坚决，只要吃饭，一定要求自己吃。

实在没办法，我们在餐桌旁，给她安了小桌小凳子。每天给她一碗饭菜，让她洗净手，随她自己吃。桐桐能自己吃饭了，十分高兴。当然，勺子她还用得不好，常常失败，这样一来，性急的她就开始动手了，用手抓菜吃。我们看她吃得欢，也没阻止。

桐桐最爱吃馒头就菜，因为这两样她的手都能应付，全进了嘴里，她吃得开心，也吃得饱。

不知不觉间，桐桐就学会自己吃饭了。这期间，妻子也常笑桐桐，但她还太小，完全不在乎这些笑她的话。桐桐只在乎，能自己吃就行了，依然我行我素。我看她有了进步，常常夸她真棒。

转眼间，桐桐长大了，第一次发现她有自尊心了，是因为一件事。

当时，桐桐两岁多快三岁了。桐桐要求自己穿衣、穿鞋，妻子也渐渐答应了。看她慢慢能应付了，也就不再管她这方面，让她自理。

这天是周末，我们家与丁丁家约好同去郊游。妻子一起床就去做早餐了。桐桐醒后，发现爸爸、妈妈都起床了，就自己开始穿衣服。当时是夏天，她穿得很轻松，小裙子一套上去，穿条小裤子就好了。穿凉鞋时，她也顺利地套进去了。桐桐自己去用湿毛巾擦了脸，又洗了手，准备要吃饭了。

妻子也做好了早餐，大家都上桌子，包括桐桐。一家人边吃边说，也没怎么关注桐桐的衣着。吃完饭，东西都打点好了，大家就直接上车了。

到达目的地后，我们找到了丁丁一家，和他们会合了。丁丁和桐桐跑到草地上玩游戏。

这时，闲下来的妻子才仔细地看了看桐桐，一看不要紧，她马上笑了。妻子大声说："桐桐，呀，你的鞋子怎么穿反了？"她一说，五六双眼睛都盯上了桐桐的脚。大人们都笑了，说："是啊，反啦，反啦。"丁丁也哈哈大笑起来，他大声说："哈，你穿反鞋子啦！穿反鞋子啦！"

本是一句玩笑，可桐桐却脸红了，她很委屈，眼里开始泛泪。她肯定在大家的嘲笑中，觉得自己很失败。

妻子依然说："哟，脸皮变薄啦，还脸红呢！"我见状，马上回头看了妻子一眼。

我蹲下来，对桐桐说："没事，我们自己换过来，下次就不会错了。桐桐自己换吧，今天都是桐桐自己穿的，我和妈妈都没管你，你真是长大了呀。"桐桐委屈地脱下了鞋子，开始调换。

丁丁爸听了，忙说："哟，你们家桐桐都会自己穿啦？我们丁丁都不会呢！"他这么一说，丁丁也不好意思地低头了，桐桐有了一点儿自豪感。

我赶紧说："是啊，最近都是桐桐自己穿的，你也可以让丁丁学呀。"

丁丁爸说："算了，他太笨，穿得慢，还是我们来比较快。"

看桐桐穿好鞋子，我就找到妻子说："桐桐有自尊心啦，不再是个不懂事的小孩子了，我们以后评价她时要注意一点。"

妻子问："那怎么评价啊？"

我说："桐桐在尝试着做事时，我们给她的评价要恰当，既不能讽刺打击，也不要过分赞扬。今天你说的话就伤害她了，差点让她讨厌自己穿鞋了。"

妻子说："我是开玩笑嘛！"

我说："你觉得是玩笑，她却不这样认为，你看她听到脸都红了。"妻子回想了一下，点点头。

是啊，孩子努力地做事，会很在意别人的评价。如果我们不注意，就会伤到孩子，让孩子讨厌尝试了，这样多不值。恰当的评价，能让孩子鼓足尝试的勇气，掌握更多的技能。

蔬菜是给兔子吃的

孩子挑食、偏食的现象在家庭中很普遍。父母要注意到饮食均衡的重要性，有意识地使餐桌丰富起来，使孩子养成科学的饮食习惯。

最近，桐桐长胖了许多，胳膊和小腿都长了肉圈。奶奶看了很高兴，她一直希望桐桐能够长得白白胖胖的。现在，桐桐胖了，她乐得直夸："桐桐长得多好啊。"

有一段时间，奶奶每天早起去市场给桐桐买新鲜的鱼虾。在这方面，奶奶是行家，挑选的鱼虾都是全市场里最好的，回家煮了也好吃。这不，三四个月下来，桐桐变成了典型的"小胖妞"，也变得越来越挑食，奶奶没有给她做鱼虾，她就不肯吃饭。

她还为自己的挑食想好了理由："蔬菜是给兔子吃的。我不是兔子，是小孩子，所以不吃菜。我只吃奶奶做的鱼虾。"奶奶听了，知道桐桐喜欢吃她做的鱼虾，笑得合不拢嘴。

可是一天，桐桐在幼儿园上课时，一个小男孩喊了她一声"胖妞"，桐桐就很不乐意了。那天，她气愤地回家跟我说："爸爸，小胖妞是谁？为什么他这样叫我。"桐桐四岁了，能懂很多事。我看了看她气愤的模样，心想：桐桐的饮食，还真得管管了。

我小的时候，因为家里穷，总是没有什么好吃的东西，经常挨饿。所以，大家都认为小孩子能吃多少就让他吃多少，孩子自己是知道吃多少的。可

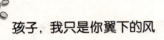

是，刚一疏忽，桐桐就就被放纵成了"小胖妞"。

妈妈也有意见了，说："桐桐，你再这样胖下去，你的小黄裙就穿不上了。桐桐也是个爱美的孩子，小黄裙是桐桐最爱穿的一件衣服。听到妈妈这么说，桐桐也有些担心了。妈妈直接下达命令："从明天起，桐桐开始减肥。"我很赞同妻子。就这样，桐桐的减肥计划开始了。其实，我的目的是想让桐桐养成一个科学合理的饮食习惯，不挑食，也不偏食。

这次，奶奶最先响应。她还是每天早早地起来，去市场挑选最新鲜的蔬菜，还尽力多挑选几样，以便每天都能换着吃，不重复。

晚上，桐桐一看餐桌，发现满眼的素色：酸辣白菜、香菇炒油菜、蒜蓉菠菜，还有香葱鸡蛋饼。桐桐的嘴嘟得老高，说："这些菜，我都不爱吃，我不要吃饭了。"我赶紧带头夹菜，大声地说："嗯，这菠菜真好吃，鸡蛋饼也不赖，好吃。"奶奶也说："我也吃点鸡蛋饼，这个我也爱吃。"

桐桐看大家都吃，便尝试性地夹了一块，放在碗里。大家吃饭也不去特别关注她，而都在用行动向她暗示——今晚的菜真的很美味。桐桐看见大家都吃得很香，便不再闹别扭，安静地跟着我们一起吃。不一会儿，小半碗饭就被她吃光了。

孩子的饮食习惯，其实是父母决定的。平时餐桌上菜的种类，决定了孩子的饮食喜好。比如说，我爱吃青菜，经常买，桐桐也跟着爱吃了。每天吃饭的时候，我都会有意识地向桐桐传输健康科学的饮食知识，告诉她各种食物吃了对身体有什么好处，补充身体的什么元素等等。时间长了，她也知道了豆腐蛋白含量高，木耳对血管好等常识。渐渐地，桐桐接受了吃素食的好观念。

大概花了半年的时间，我们才把桐桐的饮食偏好调整过来。她不再反感蔬菜了，也不再迷恋肉食。像白菜、菠菜这些绿色蔬菜，桐桐就变得特别喜欢，不出三天就嚷着妈妈给她做这些菜。

孩子挑食、偏食的饮食习惯在家庭中是很普遍的，父母要让孩子知道饮食均衡的重要性，有意识地变换餐桌上的菜谱，孩子才能逐渐养成健康科学的饮食习惯。

花钱的问题

孩子在最亲的人面前，最容易耍赖，许多父母无法招架，只好一味满足或强行拒绝。其实，这两种方式都不正确。错误的方法，是造成孩子"恶习"的主要原因。

现在，桐桐想要什么东西，准会来找我。她很少直接去找妈妈，因为妈妈总会拒绝她。

自从上幼儿园后，桐桐的物质需求多了。时常，她会回家说，"我要买弹珠""我要买贴纸""我要买旋转环"……很多东西我和妈妈都没听过，但必定是孩子中流行的小玩意儿。

第一次，妻子欣然应允了，可是两次、三次……，我发现，妻子的态度在悄悄转变，时常露出不悦的神情，有时还训斥女儿要求多，不予理睬。每当这个时候，母女矛盾就爆发了。桐桐一阵哭喊，妻子虽然嘴上说："全是浪费钱，太幼稚了，不给买。"但最后还是屈服了。

我们家的门上、床头、柜子上全是贴图，这都是桐桐的杰作。刚开始，我也没觉得有问题，桐桐喜欢，也不贵，那就给她买吧。

桐桐喜欢贴纸，它仿佛代表着小女孩的梦。有时候，桐桐以拥有的贴纸多，成为了大家攀比的对象。有一段时间，她对此很疯狂，书上、笔上、课桌上，到处都贴，只差没贴到脸上了。这些小贴纸，给了桐桐极大的乐趣。

后来，大家开始玩陀螺。这是一种塑料制品，只要把一根带齿纹的塑料条，插进陀螺中的一个孔，迅速抽出，它会在纸上或地上转很久。桐桐也迷上了，一买就是十个。一回家，她就在地板上转个不停。

东西虽小，但也不能铺张浪费。有一天，我问她："你玩一个与玩十个，感觉有什么不同啊？"

桐桐想了想说："其实也差不多，但是大家都有三四个，我不能太少了呀！"她的话一出口，我就明白问题严重了：桐桐是在攀比呢。

晚上，我问妻子："桐桐这个月零花钱用了多少？"

妻子是会计，也喜欢做家庭收支账。她摊开账本，一行行比对着，说："哟，就她的小花销，三百多呢！"我知道，桐桐的小花销指的是零食及玩具。妻子问："我们是不是太纵容她了？"

我点点头。的确，这半年，家里多了许多小东西，都是桐桐的。很多东西她兴趣一过就不玩了，都在角落里静静享受着灰尘呢。

我和妻子约定："从明天起，桐桐要买东西，就让她来找我。"妻子不再负责拒绝的重任，让桐桐来跟我说。妻子也有些发怵。每次她拒绝桐桐时，桐桐总会耍小性子，这样，母女矛盾又爆发了。如果妻子心情不好，可能还会言行过激，更激化矛盾。桐桐一直比较听我的话，我也能摸清她的心思，我的"道理"，桐桐应该更愿意接受。

决定后的第二天，桐桐对妈妈说："我要买橡皮泥。小米买了一盒，做了好多小猪，真好玩。"

妈妈说："去找爸爸吧，以后要买东西，跟他说就行了。"

桐桐有点疑惑，但她还是推开了书房的门。"爸爸，我想买橡皮泥。"桐桐直接说出了要求。

我问她："你以前买过吗？"

桐桐说："我以前那盒已经干了，玩不了了。"

我对她说："那你找来给爸爸看看，要是玩不了了，我待会儿给你买新的。"

桐桐只好去找，大概十分钟后，她拿进来了。我检查了一下，的确有点干，但还能用。我对她说："如果爸爸把它变好了，又能捏小动物了，你还要买新的吗？"

桐桐疑惑地问："可以吗？"

我点点头说："爸爸会变魔术。你学会了，还可以教其他小朋友呢，比如小米。"桐桐答应了我的提议。

我吩咐她端来少量的水，然后，我用刷子向橡皮泥洒水，一边洒一边用手揉。我控制着洒水量，以防过多了，橡皮泥太湿。桐桐也学着我的样子，给另一块橡皮泥加工。一盒橡皮泥有七种颜色，总共七块，我们俩把它们全部加工了一遍。

大概二十分钟后，这项工作完成了。桐桐拿起一块捏弄着，马上做成了一只小猪。她笑着说："爸爸，真的可以用了，我不买新的了。"

整个过程，我只是比妻子多了点耐心，多了些引导，少了些命令、指责，桐桐欣然接受了。孩子在最亲的人面前，最容易耍赖。我知道，如果我换上命令的语气，用不悦的神情教她，她可能马上翻脸，非要我买新的不可。

面对孩子不断的物质需求，许多父母无法招架，只好一味满足或强行拒绝，这两种方式都不正确，却最常被使用。这种错误的方法，是造成孩子"耍赖"恶习的主要原因。

哭的权利

孩子在遭遇挫折或受伤后哭了，要允许他尽情发泄。无论男孩女孩，都有哭的权利。父母少一些干扰，少一点回应，少一些制止，孩子的身心会更健康。

桐桐爱哭，这是大家的共识。常常一点儿小事，我们还没反应过来呢，桐桐就开始委屈了，眼眶一红，马上开始哭。

刚开始，她只要一哭，奶奶总会关切地问："怎么啦，谁让你受委屈啦？"桐桐只好边哭边跟奶奶解释，结果，说完了，却哭不出来了，心里更委屈了。每当这个时候，桐桐会更加烦躁，她喜欢摔自己的玩具。

妻子见了，则说："这点小事，有什么好哭的，哭更丢脸。你别乱扔了，自己扔，自己捡。"往往是，妻子还没训完，桐桐又"哇哇"大哭了。她伤心地盯着妈妈，一声比一声高地哭着。

这样一折腾，半个小时也没哭完。邻居们时有听见的，都问："桐桐怎么啦？你们打她啦，哭得多大声，多伤心啊。"我则尴尬地说："哪有，是一件事，没哭够，她刚止住了，她妈一提醒，她又伤心了。"邻居同情地说："哭哭也好，小孩子哭哭就忘记了。"的确，谁家孩子不常哭两声，孩子有哭的权利。

后来，我跟妻子和母亲说，桐桐以后再哭，我们都先别管她，等她哭够了，情绪平静了，再来安慰她，问问出什么事了。大家都默认了，毕竟，桐桐一哭闹就要半小时，大家都受不了。

有一天，桐桐在楼下玩，哭着跑上来了，看样子很伤心，直接进自己卧室了。家里只有我和她，我没说话，也没出去，任她一个人在屋子里哭。大概十分钟后，桐桐去洗手间洗了脸，然后在屋子里又待了一会儿，就又出门了。

后来我才知道，原来她和丁丁打架了，被推倒在地上了。桐桐当时很委屈，就边哭边跑回了家。当时，小赵在场，就直接训了丁丁一顿，丁丁也被训哭了。桐桐上来后，自己哭了一会儿，心里也不委屈了，就又下楼玩去了。

桐桐爱哭，但并不是一个敏感、脆弱的孩子，她常常是大声地哭，哭完了就没事了。她也不记仇，只要想明白了，就原谅对方的错误了。当然，有时候是她错了，她哭过后就清醒了。所以，爱哭的桐桐，依然是个快乐的孩子。

妻子和奶奶也发现，桐桐哭的时候，不去打扰她，她情绪好得更快。看清了这一点以后，当桐桐再哭泣时，大家都不给她任何语言及肢体上的回应，让她尽情发泄。但是，只要桐桐一停止哭泣了，我们会马上去问问："出什么事啦？怎么这么伤心啊？"每当这个时候，桐桐都能比较平静地说完整件事，然后我们再给评论及建议。当然，事情最终如何解决，还是听桐桐的，大人不随意干涉。

孩子在挫折或受伤后哭了，要允许他尽情发泄。无论男孩女孩，都有哭的权利。父母少一些干扰，少一点回应，少一些制止，孩子的身心会更健康。

嘴上有疤的小姑娘

> 我替桐桐高兴，也替小米高兴。桐桐将从中学会：平等地对待每一个人，不陷于低级趣味，学会同情、尊重有缺陷的人。小米也将学会：不因外表的瑕疵自卑，找到自身真正的价值。

马上又要开学了，妈妈帮桐桐整理好用品。开学那天，桐桐早早地起床了，打点好一切，就上幼儿园了。

幼儿园里真热闹。只见门口摆满了鲜花，林荫道上还挂着"欢迎小朋友归校，欢迎新同学"的彩带。桐桐今年升中班了，她熟练地找到了教室。

刘老师看见了，微笑着说："桐桐到了啊，两个月不见，越来越漂亮了。"妻子和刘老师聊了一会儿，就回家了。

校园里一切照旧，只是透着一股喜气。小朋友、家长、老师的脸上都绽放着鲜花般的笑容，毕竟是新学年啊，好多新东西在等着大家呢。桐桐领到了新课本，还换了新座位，有了一位新同桌。

刘老师对大家说："今年，我们要开陶艺手工课了，这是新来的小陶老师。"孩子们马上盯着她看，想记住新老师的模样。小陶做了自我介绍，跟大家打了招呼。

这时，一个小女孩被老师牵着手进来。刘老师说："这位小朋友叫小米，她是大家的新同学，大家欢迎。她是小陶老师的女儿，今年跟妈妈一同转到了我们学校……"这个小女孩，做了桐桐的新同桌。

晚上，桐桐回家了。她走进我的书房，对我说："爸爸，好奇怪呀，我发现了一件怪事。"

我问她："什么事？"

她小声地说："我有了新同桌，她长得有点像兔子。"

我一听，愣了，忙问："什么叫长得像兔子？"

桐桐说："她的嘴上有个疤，看起来就像兔子了。"

我一听，原来如此。我赶紧问她："你有没有笑人家？"

桐桐摇摇头，但马上说："丁丁笑了，但刘老师把他拉到了门外，说了什么，他后来就没笑了。"

听完她的话，我赶紧说："她的嘴上有块疤，她也不想这样的。如果大家都笑她，她就会越来越孤单的。"

桐桐听后说："爸爸，她是小陶老师的女儿，小陶老师很好。我没有笑小米。"

我鼓励她说："你是她的新同桌，她刚来，认识的人不多，你就做她的好朋友吧！"

桐桐说："小米她不爱和我玩，我想和她玩游戏，她也不想玩。为什么我要做她的朋友？"

我耐心地说："小米不是不想玩，是她刚来，对环境还不适应，过几天就熟悉了。"

桐桐说："那好吧，我把机器猫带去，明天和她一起玩。"

我知道，一个嘴上有疤的小姑娘，肯定怯于同人交流。如果大家都笑她，疤就会永远烙在她的心里，变成压抑她灵魂的石头。如果大家都平等自然地看她，她才会活出自我，不被疤痕锁住。桐桐不会想这些，但她既然做了小米的同桌，她就很愿意帮帮小米。

我知道，桐桐个性开朗，又会玩，只要她做了小米的朋友，渐渐地，大家肯定都会喜欢上小米。也许，刘老师让小米和她同桌，正是出于这个目的。

　　这一层含义，桐桐是不懂的。她觉得她的同桌像兔子。桐桐这样想，别的小朋友肯定也会如此。毕竟都是孩子，不会掩饰自己的情绪，也最容易造成伤害。

　　我做好了桐桐的工作，她高兴地答应，明天，她就去做小米的朋友。听她这样说，我笑了。我替桐桐高兴，也替小米高兴。桐桐将从中学会：平等地对待每一个人，不陷于低级趣味，学会同情、尊重有缺陷的人。小米也将学会：不因外表的瑕疵自卑，找到自身真正的价值。

　　后来，桐桐和小米真的成了要好的朋友。小陶老师特别喜欢桐桐，常常邀请她去家里玩。小米喜欢做陶艺，她的作品常被表扬，许多小朋友都收到过小米的陶艺礼物。

　　当然，我家也有，它们是一对陶娃娃，上面用稚拙的笔画写着：

　　送给我最好的朋友，桐桐。

　　　　　　　　　　　　　　　　——小米

春蚕不咬人

> 每位父母身上，都会有种种性格缺陷或弱点。然而，为了不使自己的缺点影响到孩子，他们努力地克制和改变着自己，这样的父母都是伟大的。

我发现，很多女性都特别害怕虫子，似乎虫子比凶残的猛兽还可怕。我的妻子就是这样一个人。她只要一见到虫子蠕动的模样，魂都会吓得丢掉半个。刚认识她时，她一见到虫子，就会大喊大叫。

我常揶揄她："虫子真有这么恐怖吗？"

她理直气壮地反驳："杨贵妃也怕虫子呢。自古到今，怕虫子的人多着呢。"

我说："杨贵妃怕虫子，估计是想博得皇帝的怜爱，你何必学她呢？"

妻子不服气地说："怕虫子就是怕虫子，这是自然反应，你们男人怎么老喜欢把事情想复杂。"

有一天，妻子送桐桐上幼儿园，看见校门口的商店里在卖春蚕。桐桐是个好奇心特别强的孩子，看见什么稀奇东西，就想要。因此，桐桐缠着妻子，要求妻子给她买春蚕。

妻子看了一眼，见到一张纸上全是小黑点在蠕动，顿时一阵头昏眼花。她把桐桐拉到一边，说："宝贝，那虫子多恶心啊，咱们不买它，好不好？"

桐桐却追根究底地问："妈妈，这是什么虫子啊？怎么恶心了？这虫子有什么用？"

妻子只好回答："这是春蚕，它吐出的丝能够做成衣服。可是，样子长得难看，看着恶心。"

桐桐一听就来了兴趣："妈妈，我怎么觉得这虫子长得很可爱呢，而且它的丝能够做衣服，它就是好虫子。我要养。"

妻子立马说："我们不养春蚕，行不行？"

桐桐疑惑了，压低声音问："妈妈，是不是春蚕会咬人呀？"

妻子摇了摇头："不，它不会咬人。"

"那就给我买吧，妈妈，求求你了。"桐桐说。

妻子拗不过桐桐，只好给她买了六条。店主拿了几片桑叶，把六条春蚕抖在了上面，又拿了一个纸盒子把春蚕装起来，递给桐桐。

回到家，妻子就跟我讲了这件事。我知道，妻子很害怕虫子，但是看到桐桐的高兴的样子，我就把妻子拉到了屋里。

我说："你之所以害怕虫子，是因为小时候被虫子吓到了。这种恐惧感，可不能再传给桐桐。"

妻子说："我今天已经尽量忍着了，不是已经答应她了吗？"

自从养了春蚕后，桐桐每天都跑去看上好几遍，兴致很高。在桐桐的悉心照料下，春蚕长得很快，已经由小黑条变成了大白条。

妻子一直躲着那个盒子，离得远远的，也不看它们。幸好盒子在桐桐的房间里放着，要是放在我们的卧室里，我想妻子恐怕连觉也睡不安稳。

春蚕一天天地长大了。有一天，桐桐特别地兴奋，她从纸盒里抓起一条春蚕，找到妻子说："妈妈，你快帮我看看，我的春蚕怎么变得透明了，这是怎么回事呀？"

这时我正好在旁边看报纸，只见妻子看到桐桐手心里蠕动的春蚕，脸色立马就变白了。她冲进厕所，"哇"地一声吐了。

桐桐有点担心，问我："爸爸，妈妈是不是生病了？"

我急忙解释："妈妈今天吃坏肠胃了，没事的。"那时，桐桐还小，就相信了我说的理由。我接着说："春蚕变透明了，说明它快要吐丝了。你可以找来树枝做一个小房子，放在盒子里。这样，蚕就可以在房子里织茧了。"蚕做茧，是桐桐一直盼望着的事。听我这么说，她就忙着去给蚕找树枝搭建房子。

我找到妻子，对她说："你真是太辛苦了，能够让桐桐养蚕。"

妻子说："我不想让桐桐变得和我一样，所以我要努力压抑住自己的恐惧感。"我也察觉到，妻子为了桐桐，真的克服了不少恐惧，已经有了很大的进步。

每位父母身上，都会有种种性格缺陷或是弱点。为了不让性格缺陷和弱点影响孩子，父母需要努力地克制，给孩子一个健康的心理。

生活中，类似的父母有很多。有的妈妈讨厌吃某种食物，但是为了让孩子养成科学的饮食习惯，妈妈会带头吃自己讨厌的食物；有的妈妈不喜欢体育锻炼，但是为了孩子有一个强健的身体，也会积极地带着孩子投入到锻炼中。这样的妈妈都是很伟大的。她们通过改变自己，让孩子有了一个更加健康科学的心理和生活习惯。

桐桐养蚕，妻子没有阻止，反而还给予支持。她的这些言行，很让我感动。她是一位充满爱心的妈妈，也是一个能够为孩子而改变自己的母亲。

你真烦人，给我闭嘴！

孩子言行太张扬，出现了伤害、侮辱他人的情形时，父母一定要严厉制止。强势是有原则的，底线就是恪守人性中的真善美。学会了尊重他人，才能获得他人的尊重。

前几天，有一位女士跟我诉苦。她在一家广告公司任职，是一名主管，平时不管做什么事情，都特雷厉风行，很有女强人的风范。她的儿子洋洋刚有五岁，在妈妈的熏陶下，也变成一个霸气十足的小子。

有一次，她带着洋洋去参加同事的婚礼，刚到酒店，洋洋就闹开了。她当时正在和同事聊天，洋洋一会儿说要苹果汁，一会儿又说要奶茶。女士答应了儿子几次之后，也变得烦躁起来，就说："你给我小声一点，安安静静地待着，不许胡闹，打扰妈妈和其他阿姨谈话。"女士以为儿子会顾及她的面子，不再吵闹，没想到洋洋也显出一幅不耐烦的摸样，大声说："你真烦人，我知道了。"

看到儿子当着那么多人的面不尊重自己，女士的火气开始往上窜，她生气地跟儿子说："洋洋，你要是再不听话，我以后永远都不会带你出门了。"洋洋也不甘示弱，说："不来就不来，你以为我喜欢来呀。要不是你拖着我出门，我根本就不会来。"

看到儿子这骄横无礼，女士只好把愤怒和尴尬往肚子里咽，毕竟同事们都在看着呢。

吃饭时，新娘子出来了。洋洋瞄了一眼，大声说："这新娘长得太难看了。"洋洋说完后，周围一阵窃笑，新娘气得脸都发绿了。当时这位妈妈恨不得找个地缝钻进去，太丢人了。教育出这样不懂礼貌的孩子，她实在是羞得无地自容。

后来，洋洋想喝姜汁可乐，偏偏餐桌上没有，他就大声嚷起来。女士小声地说："别闹了，等回家了，我给你煮。"洋洋却一点也不领情，大喊一声："妈，你给我闭嘴。我现在就要喝，不等了。"洋洋的叫声吸引了众多的目光，这个要强的女人顿时脸红到脖子根。女士是公司的高管，今天当着这么多的同事，儿子叫她"闭嘴"，这让她很难堪。

经过这件事后，她再也不敢带洋洋参加任何聚会了。她很苦恼，洋洋怎么敢如此放肆，如此地不尊重妈妈？并且，洋洋对妈妈是这样的态度，对别人也一样。就洋洋这样的个性，将来怎么能跟人共事呢？听完女士的诉苦，我只能抱以同情。

记得以前，我曾跟她探讨过教育孩子的问题。她说："要想让儿子在这个社会上生活好，一定要培养出儿子的狼性来。人太老实了，很容易被人欺负。我不会要求儿子尊重我，他想怎么来就怎么来。他胆子大，够强势，这点像我，我比较欣赏。"

我当时说，有一种强者的心态，无所畏惧是好的，但前提是要在礼貌的范围之内。如果超出了这个范围，就容易滋生坏品德。她却坚持说，太有礼貌和乖顺的孩子一点也不好。她放纵着儿子，直到发生了宴会上的那一幕。

我安慰她："现在很多家庭，都特别宠爱孩子，孩子自视甚高，不懂礼貌的事情比比皆是。"我认为，孩子需要发展个性，更要懂的礼貌待人。孩子的言语、行动过于张扬，出现了伤害、侮辱他人的情形时，父母一定要严厉地批评孩子，让孩子改正。

强势也是有原则的，底线是要恪守住人性中的真善美。只有学会了尊重他人，才能获得他人的尊重。孩子想要在社会上立足，也要先学会尊重别人。

强势的性格，是自信和开朗的表现，有利于孩子的自立，使他不会轻易地被人欺负。但是，过度强势，表现出不尊重别人，同样不会受到别人的欢迎，也很难立足于社会。

我谈到了桐桐，说她也很任性，爱闹情绪，但是很有礼貌，从来不会恶意顶撞父母，或是伤害父母。我们从来不对她搞特殊化，让她觉得自己比别人高出一等。从小，我就要求她要尊重长辈。平时，我和妻子也很注意礼貌用语，这是对桐桐进行熏陶。一岁左右，桐桐就会说诸如"谢谢"、"对不起"等礼貌用语了。

聊完天，女士感慨地说："看来，洋洋变成现在这个样子，是因为我用了错误的方式来疼爱洋洋。听了你和你女儿的故事，我觉得很羞愧。"

我安慰说："不用着急，洋洋还小，你只要稍微改变一点，洋洋就会有转变了。我相信不久的将来，洋洋会变成一个懂礼貌、爱父母的好孩子。"

女士说："是啊，洋洋生来就是一张白纸，如果他变坏了，最大的责任在我，我才是罪魁祸首。"洋洋妈已经认错了，我相信，不久之后，洋洋也会改正错误的。

你知道我最好的朋友是谁吗？

爱孩子，不是一件简单的事。如果不会施爱，往往会造成爱的误解，明明是出于爱意，却让孩子很反感，觉得被伤害了。

有一次，桐桐快过生日了。妻子说："桐桐要上小学了，我们送她一个点读机吧？"我问妻子："怎么，又送学习用品，桐桐想要吗？"妻子说："是我给她买，还问她想不想要？"

从一些生活小事中，就能看出父母会不会爱孩子。也许，父母的初衷是爱孩子的，但是给的方法出了问题，反而是爱错了。如果父母给的爱，不是孩子最需要的，孩子就无法体味到爱的真实及价值。当然，这种施爱的教育意义也很低。

有一天，桐桐在厨房和妈妈聊天。她说："妈妈，你知道我最好的朋友是谁吗？"妻子笑着说："是你的朋友，又不是我的朋友，我怎么知道呢？"桐桐听后，很不高兴，一甩手就跑出厨房了。妻子后来抱怨说："桐桐这孩子，我不知道她的朋友，也值得她生气吗？"

我知道，桐桐气的是，妈妈根本就不关心她，推理下来，就是妈妈不爱她。我作为一个成人，知道从内心深处来说，妻子爱桐桐甚于爱我。但是，妻子的这份爱，时常错误地传达给桐桐，让桐桐误解成妈妈不怎么爱她。

其实，我和妻子爱桐桐是一样的，但是，因为我比较用心，使桐桐能够明确地认定，爸爸是爱她的，但对妈妈是否爱她，她就有些犹豫了。

记得有一次，桐桐偷偷在外面淋雨，回家时全身都湿透了。妻子当时的脸色很难看。在妻子发作之前，我赶忙拉住她，跟她讲了桐桐这样做的理由。最终，桐桐的淋雨事件没有导致母女战争的爆发。

事后，桐桐非常感激我对她的宽容和支持，从这件小事上，她也感受到了父母的爱意。

的确，一般情况下，孩子故意淋成落汤鸡，就是想体验一下这种生活，虽然孩子内心是非常愉悦的，但是又有几个父母愿意静下心来，理解孩子，包容孩子，用爱来感化、启发孩子呢？如果父母做到了，那收获的，不只是孩子的感激，还有孩子的信赖。此后，孩子在人生路上遇到任何困境，都愿意请你指引，也愿意与你分享成功与喜悦。

爱孩子，不是一件简单的事。如果不会施爱，往往会造成爱的误解，明明是出于爱意，却让孩子很反感，觉得被伤害了。

妻子和桐桐常因一些小事闹点儿情绪。有时候，桐桐是真的生气了，对妻子声嘶力竭地叫喊着。看到桐桐如此反抗，妻子往往更委屈。

有一段时间，桐桐挑食严重。妻子看她吃饭的样子，很生气，有一天，她故意做了满桌子桐桐不爱吃的菜。妻子说："桐桐，我们怎么吃，你就怎么吃，要是不喜欢吃，就饿肚子。"

桐桐看了看妈妈态度，倔脾气也上来了，就赌气不吃，只好拿零食充饥。吃了两顿后，桐桐哭了。她对我说："爸爸，妈妈怎么这么讨厌我呀，她一点都不喜欢我。"我知道妻子是在气头上，但我轻声告诉女儿："不，妈妈是喜欢你的。只是，妈妈也生气了，控制不了情绪了。妈妈希望你不挑食，可是她态度不好，让你心里很难受，对不对？"桐桐点头说："爸爸，我不爱吃零食，嘴里全是苦的。"

我看了看桐桐和妻子。唉，这两个人，都是何苦呢？妻子想给桐桐强制性的爱，可惜，桐桐不愿领受。

爱的目的在于感化、启发孩子的整体人格。爱孩子是没有条件的，但以何种方法或手段施予爱，是很讲究的。父母要用正确的方式，才能让孩子体验到爱的真实与价值。

可怕的"冷控制"

冷控制的伤害，时常大过直接的控制。因为，父母直接对孩子说，你"不准做"时，孩子还有反驳的机会。但是，如果父母通过暗示去限制孩子，又不明说，常常令孩子更委屈，有苦不能言。

有一段时间，桐桐的功课比较紧，妻子盯得也比较紧。正巧，当时在流行《喜羊羊与灰太狼》。每天学校里，孩子们都喜欢谈论它，桐桐也迷上了。

有一天，桐桐一回家就写作业，作业写完了，她找到妈妈，小声地问："妈妈，我能看会儿电视吗？"

妻子问："都写完啦？你不是快考试了吗？"

桐桐说："写完了，下星期考。"

妻子愣了一会儿，冷冷地说了一句："爱看就去看吧。"

这一下，桐桐也愣住了。她犹豫着，觉得妈妈不太高兴，是不是在反对她呀？桐桐拿不定主意，又默默地走进了屋，她拿出书想复习，可心全不在这儿。

我听到桐桐在屋里叹息，就走了进去。我说："咦？你怎么在看书呀，不是要看电视了吗？动画片马上就开始啦！"

桐桐回头看了我一眼，小声说："爸爸，妈妈是不是不高兴我看呀。她不高兴，我看着也难受呀。"

我笑着说："她没说呀，你多想了吧？"

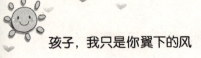

桐桐不说话，我见状，故意大声问："桐桐今天能看电视吗？"

妻子见我这样，知道事情控制不了了，马上说："我不是说了吗，她作业做好了，就可以看呀，我有说不让她看吗？"桐桐一听，"呼啦"一下跑出去了，赶紧打开了电视机。

妻子进来后，我悄悄问她："你不想让她看吧？"

妻子说："就怪你，你明知道，怎么还给她帮忙。"

我低声说："你这叫冷控制。虽然桐桐迫于压力，会服从，但是，这样会给桐桐造成心理阴影的。你这样待她，会让她产生负面情绪。明明是你规定的，作业完了就能看电视，现在她作业做完了，你却变相地食言，她能安心学习吗？"

妻子说："她知道啊？"

我说："你就当自己聪明呀？她都听出来你不想让她看电视了，还能不知道你想变相的食言呀？"妻子不说话了。

其实，冷控制的伤害，时常大过直接的控制。因为，父母直接对孩子说，你"不准做"时，孩子还有反驳的机会。但是，如果父母通过暗示去限制孩子，又不明说，常常令孩子更委屈，有苦不能言。

是啊，父母是很能控制孩子的，有形的，可以直接说"不准做"；无形的，就是暗示和施压，即冷控制。孩子许多合情合理的意愿，在冷控制中被遏止了。

亲子交流中，彼此心中都有一杆秤。一般情况是，父母总习惯于偏向自己，而忽略了给孩子公平。一旦出现这种情况，孩子会渐渐对父母失去信赖，时间一长，孩子会抗拒父母的要求，不愿意听从了。

如果爱，就不要冷控制。

黄瓜怎么能和萝卜比呢

自卑是因为没有看到自己的优点，总是拿缺点和别人比，就常常失败，常常被击垮，最后抬不起头了。如果能有一颗平常心，正确地看待自己，任何失败，都不会成为一蹶不振的理由。

桐桐并不是一个全能的孩子，学习上，她的语文成绩好，但数学有些薄弱。桐桐会古筝，但班上还有会钢琴、小提琴、萨克斯等乐器的同学。所以，在很多方面，桐桐是不如别人的。

桐桐班上有个孩子叫阳洋，从小就弹得一手好钢琴，在整个学校都很有名。每次学校搞汇演，阳洋都是其中的主角之一。阳洋的事迹还上过报纸。

有一天，桐桐回家后，对我说："爸爸，我真羡慕阳洋啊，今天他又代表学校表演了。我怎么就不会弹钢琴呢？"

我说："阳洋的成绩是他一直努力获得的。你虽然不会弹钢琴，但是你会游泳，会滑冰，会古筝，你把时间用在了这些事情上，一样也是收获呀。"

桐桐说："可是，我还没代表过学校演出呢，多光荣啊。"

我问她："和阳洋比，你是不是有点自卑了？"桐桐点点头。

元旦晚会要到了，我鼓励桐桐也来一个节目。桐桐向刘老师申报了一个古筝演奏。老师同意后，桐桐就开始加紧练习了。桐桐班上，有特长的孩子不少，大家都想有一个单独的节目，所以，一定要比较优秀，才能有机会。

桐桐每天回家后，就开始练古筝。一个月后，晚会开始了。有说相声的，有表演舞蹈的，有弹钢琴的，节目的种类还真不少。表演完毕后，还要征集小朋友及家长的意见，评出奖项。

桐桐的节目也开始了，她弹得不错，但是与小品及舞蹈比，得到的笑声及掌声明显少多了。我害怕桐桐得分低，心里难受。

结果出来后，桐桐果然没排上优秀奖，但也不是最后。得知结果后，桐桐很沮丧，她叹了一口气。我开导桐桐说："不是你弹得不好，是因为，萝卜怎么能和黄瓜比呢？你们表演的不是同一种东西，是不能作横向比较的。"桐桐说："爸爸，我没有得奖啊。"我说："没得奖，不是你古筝弹得不好，只是多数小朋友不喜欢听古筝罢啦。"

桐桐还是不开心，但她也承认，我说得对。桐桐在学古筝时，老师就常表扬她，和其他的孩子比，桐桐的优势就显出来了。

孩子毕竟是孩子，马上就忘记这件事了，但桐桐爱拿缺点和别人比的习惯，我开始留心了。

桐桐常常和我聊天，我知道，哪些孩子的哪些事，会让桐桐觉得不如人。这样，一旦我发现桐桐优于他们的地方，我会马上指出来。比如，"你看阳洋的体育不太好，跑步还不及你快呢""莉莉的语文没有你好"……

我这样说，桐桐也发现，她有比他们好的地方。这样一比较，桐桐能正确看待自己了。我常常鼓励桐桐，多发挥自己的优点，不要拿缺点和人比。哪怕是失败了，也获得了经验。

自信除了源于成功，还源于一颗平常心。自卑是因为没有看到自己的优点，总是拿缺点和别人比，常常失败，常常被击垮，最后抬不起头了。如果能有一颗平常心，正确地看待自己，任何失败，都不会成为一蹶不振的理由。

桐桐能够看到，自己和他人比也是有优点的。当她发现自己的优点时，也找到了自信。

一朵纸玫瑰

我知道桐桐说的尊重，是指尊重她的隐私。我也有好奇心，有担心。但是，我虽然是爸爸，也不能擅闯女儿的秘密花园啊。所以，我选择了守候在门外。

有一段时间，总听桐桐提及一个人——阳洋。

有一天在家，她对我说："爸爸，阳洋的钢琴弹得真好啊，今天他在音乐课上弹琴了，我们都听呆了。"

我说："是吗？你的古筝也弹得不错啊。"

桐桐羡慕地说："跟他比，我差远了。"

我听后，赶紧说："桐桐，这是不能比的。你们俩弹的不是一个东西，不能做这种比较。"

桐桐也笑了，说："是呀，都不一样哦！"

有一天，我见到了阳洋，男孩长得挺阳光，特别喜欢笑。他的脸上，总是洋溢着微笑，似乎很多事儿在他眼中都是快乐的事儿。我对这个孩子也产生了好感。

我对桐桐说："阳洋确实不错，我也喜欢他。"听我这么说，桐桐更高兴了。

后来，桐桐过生日，班上有一些同学送给她礼物。有一件小礼物，是一朵纸折的玫瑰，桐桐特别喜欢。我心想，这是谁送的呀？怎么送这个呀？出于好奇，我悄悄拿起了那朵花。只见上面写着：生日快乐！阳洋。我一惊，怎么又是阳洋？这是一种什么情感？

有几次，我旁敲侧引地问桐桐，她都小心地防范着，一直不愿和我说这件事。她很重视这件事，也不愿与人分享。我知道，桐桐已经长大了，有了更多的秘密了。这些是她的隐私，如果她不想说，我也不能多问。

桐桐一天天长大，她在我和妻子面前越来越独立了，我时常猜不透桐桐在想什么。一直以来，我都是桐桐的大朋友，现在，大朋友也不能知心了。

有一天，我跟桐桐说："你已经长大了。"桐桐说："我肯定要长大的。"我又问："我还是个好爸爸吗？"桐桐说："和我同学的爸爸比，你好多了，你很尊重我。"

我知道桐桐说的尊重，是指尊重她的隐私。我也有好奇心，有担心。但是，我虽然是爸爸，也不能擅闯女儿的秘密花园啊。所以，我选择了守候在门外。

后来，桐桐主动跟我谈这些事了，我总是以朋友的身份给她分析，而不是以爸爸的身份。桐桐是个很懂事的孩子，但她是她自己，她不是我的私有品。

有一天，桐桐情绪很低落，她说："爸爸，阳洋转学了，他离开北京了，要回老家读书，他不是北京户口，在这里不能考试。"

我说："是吗？你可以和他保持联系啊，相互勉励，好好学习，继续做朋友。"

桐桐感激地看了我一眼，说："爸爸，你真好，这事我只敢跟你说。"

我说："我知道，我很荣幸。孩子，这些事，爸爸年轻时也经历过，没什么，是一段很美好的岁月。但是，我们不能停留，因为我们还要成长啊，对吧？"

桐桐又恢复了快乐的样子，她和阳洋一直联系着，也结识了更多的好朋友。

我和桐桐之间，从没出现过僵局，我想原因就在"尊重"上吧。我在桐桐最青涩的岁月里，选择了尊重她的隐私。

孩子也有秘密花园，每一个孩子，都需要一个空间，只存放自己，让自我逐渐清晰，然后，才以能去做最好的自己。

爱的方式错了

父母一厢情愿地站在自己的立场上施爱，其实是很恐怖的事情。
这种爱，就像"温柔的皮鞭"，往往让孩子疼得无法喘息。

桐桐很崇拜娜娜，原因是，桐桐觉得娜娜姐是高年级的，而且人长得漂亮，学习成绩还很优秀。

有一段时间，娜娜的成绩倒退了。那是她上初三后，成绩一直往下掉，掉得还很厉害。最后，娜娜都无法坚持考试了。她说，她只要一拿到试卷，眼前就会浮现出一桌子的可口饭菜。为此，她的妈妈很发愁，把她的这个情况跟我说了，希望我能够帮助她，找到学习成绩倒退的原因。

娜娜的父母虽然都是普通工人，但是他们都很重视娜娜的学习，都希望娜娜将来考个好大学，找份好工作，不要像他们那么辛苦。

娜娜是个很乖巧、懂事的孩子，做什么事情从不用父母催促。学习很认真，成绩也一直是名列前茅的。当时，刚好父母都双双下岗，家里的状况大不如从前，他俩对娜娜的学习就更加的关注了。

她跟我说："成老师，我们为了让娜娜安心复习，晚上都不看电视，也不打电话。在家里走路，也是套上鞋套，就怕弄出声音影响到娜娜学习。"

我问："除了这些，你们对娜娜还有什么特别的照顾吗？"

她说："娜娜快考试了，我怕她营养跟不上。所以，每一顿饭，我都给她准备几盘肉菜，还给她煲汤，让她吃得好一点。"

我问："那娜娜呢？"

她说："娜娜变得比以前还刻苦了，每天晚上学习到十二点才睡觉。听同学说，她现在下课了都不休息一会儿，而是又拿出书来复习。"

"娜娜也太刻苦了吧？"我说。

她叹了口气，说："可是，她最近几次考得越来越糟。我和她爸爸都很着急，但也不敢说她。她看到自己成绩下滑了，心情也很不好。我到底要怎么办呀？"

我和娜娜妈聊完天后，跟着娜娜妈去她家见了娜娜。娜娜看上去精神不太好，一副很疲惫的样子。

我没有提起她妈妈来找我这件事，只是问："最近感觉怎么样？"

娜娜居然哭了起来，哽咽着说："爸妈很疼我，为我操了很多心，我要是学习不好，就太对不起爸妈了。"

我安慰说："别哭了，你的成绩一直不错呀，要相信自己。"

娜娜说："成叔叔，我最近几次考试名次都掉到十名之后了。爸妈肯定很着急，我心里也难受，我很恨自己。"

我说："那你和爸妈交流过了吗？你这么在乎他们，应该让他们知道才对。"

我又说："学习这种事情，不能有太多的心理负担。你在压抑的状态下，是无法学好的。你要把自己放轻松，在愉悦的状态下去学习，学习效果是最好的。下课了，也要休息一下。"

娜娜说："成叔叔，我才有半年就要中考了，时间很紧，我不能休息的。爸妈对我的期望也很大。"

我问："你想过你最近考不好的原因了吗？"

娜娜把头低下去，说："应该是我不够努力吧。"

"错。"我坚定地说："你考不好，并不是因为你不努力，而是因为你压力大。你要把整个的状态调整过来，跟以前一个样，该学就学，该玩就好好玩。"

"那样的话，我的成绩会不会上升？"娜娜问。

我说："肯定会的。你的成绩一直不错，这说明你的学习方法是正确的。你只要调整好心态就可以了，千万不要把自己弄得跟个苦行僧似的。"

这之后，我专门和娜娜妈谈了一次。

我说："孩子要考试，最怕的就是特殊化待遇。你要像平常一样待她，不要给她任何的心理压力。娜娜是个心思细密的孩子，见不得你们受苦，你们这样，不是让她心里难受吗？"

她说："我也是一片苦心，想让她更努力一点。"

我急忙说："娜娜这个孩子，你不用给她施加压力，她自己都会努力的。所以，你们不用对她搞特殊化，好让她放轻松。"

娜娜妈连连点头："成老师，你分析的很有道理，我都听你的，不给她搞特殊化了，还是你了解孩子。"

后来，娜娜妈和爸不再搞特殊化，家里又恢复了以前的样子。他俩该干嘛就干嘛，想看电视就看，想打电话也照打，走路也不带鞋套了。家里的饮食也没有特殊化了，以前怎么吃，娜娜妈就怎么做，也不会刻意给娜娜加菜。

娜娜看到爸妈变回了原来的样子，心里暗自松了一口气，觉得身上背负的压力消失了。下课了，娜娜也不再看书，而是走出教室跟同学们打羽毛球。渐渐地，娜娜看到试卷，眼前不会浮现出一桌子的美味饭菜，状态恢复了正常。

孩子的内心感受和真正需求，会影响他们的日常言行。父母爱孩子并没有错，但如果爱的方式错了，就相当于是用一副"温柔的皮鞭"抽打孩子，孩子能轻松愉快地成长吗？父母不能站在自己的立场上，一厢情愿地爱孩子。这种爱，就是"温柔的皮鞭"，往往会让孩子疼得无法喘息。同时，也会给孩子造成轻度的强迫和较强的焦虑症状，摧残孩子的身心。

5

用爱浇灌孩子的心灵

把月亮摘下来

每当孩子流露出好奇心时，我们都应该小心地呵护，不要用成人的思维，来打击他们探索和求证的积极性。孩子往往在好奇心的驱使下，有了怪想法，就想亲眼验证一下，看看自己的猜测对不对。经过求证，他们又掌握了一种新的知识。

有一次，桐桐生病了，我带着桐桐去医院看病。她想拉臭，我就抱起她去了男厕所。她拉完了，我让她站在门口等，然后我也去方便。

我出来后，抱着她往回走时，她疑惑地问："爸爸，你拉臭也是站着的吗？"我说："不是，爸爸和你一样，也是蹲着的。"

桐桐不相信我说的话。回到家，每次我去上厕所，桐桐都会跟过来。我说："厕所很臭，你不要进来。"可是，桐桐硬是要进来，赖着就不走。每次，她看见我蹲下了，才会离开。她这样反复跟了我几次之后，终于不跟了。

我知道，她是想看看爸爸拉臭是不是也是站着的。桐桐这种行为，正是出于好奇心。同时，孩子还会有一种求证的心理。他们往往在好奇心的驱使下，有了怪想法，就想亲眼验证一下，看看自己的猜测对不对。经过求证，他们又掌握了一种新的知识。

有一段时间，我在研究了北大学生的学习动力后，发现他们的动力原型都是源自好奇心。好奇心，是学生主动获取知识的动力。

好奇心是孩子的天性。因为有了好奇心，孩子经常有各种奇思异想。我们不能轻视，要重视它们，因为这其中往往隐藏着不可估量的学习潜能。

又有一次，我带桐桐来到一个小公园里去乘凉。夜色有点深了。可是，因为暑热，木椅和草地上还有很多人。一轮月亮挂在树梢，显得格外耀眼。突然，桐桐指着月亮说："爸爸，你快看，月亮挂在树上了，我们把它摘下来吧。"

我说："月亮现在要给大家照亮呢，它刚才给我捎话了，说'等桐桐做梦的时候，再把我摘下来吧'。"

桐桐歪着小脑袋问："月亮真给你捎话了？"

我点点头："是啊。等你睡着了，你就去树上把月亮摘下来，好不好？"

那时，桐桐刚两岁，她信以为真，马上要求我带着她回家。她嚷着："我要睡觉，我要摘月亮。"

妻子听到桐桐说"我要去摘月亮啦"，她好奇地问我："桐桐这是怎么了？没什么事吧？"我说："没事的。你放心。"

就这样，洗完澡后，桐桐就入睡了。

每当孩子流露出好奇心时，我们都应该小心地呵护，不要用成人的思维，来打击他们探索和求证的积极性。

好奇心能够激发孩子的创造力，也能激发孩子的想象力。在学习成长的道路上，好奇心是个宝。一个爱学习、会学习的孩子，往往是好奇心强、乐于探索求证的孩子。

小淘气

淘气可以导致错误，但淘气本身并不是错，不要在批评错误时，把淘气也连带批评上了。

桐桐有几件淘气的事，如今想起来，都是又好气又好笑。

她两岁左右的时候，有一次妻子帮她放好了洗澡水，让她进浴缸洗澡。那天，妻子觉得好玩，就在缸里泡了点玫瑰花瓣，桐桐见了，一下去就用手追逐花瓣，觉得新鲜，挺好玩的。妻子忙着给她抹沐浴露，帮她擦洗。

一不留神，桐桐张开了嘴巴，"咕咚咕咚"喝了几大口浴缸的水。妻子见状，吓了一跳，赶紧训她："你怎么喝这个水，多脏呀。"桐桐被妈妈的神情吓住了，哭着说："妈妈泡花水喝，我也想喝呀。"妻子一听，马上明白了。原来，她平时喜欢用干玫瑰花泡水喝，桐桐误认为，今天的玫瑰花洗澡水也能喝。

妻子没办法，只好让桐桐吐吐看。结果，桐桐就是吐不出来，只是觉得恶心。洗完澡后，桐桐就喊肚子痛，拉肚子了。不过，身体一向不错的她，拉完就没事了。妻子却仍然为桐桐着急担心，抱怨说："就数你淘气，吃到苦头了吧。下次再这样，还要吃苦头呢。"桐桐尝到滋味了，从此，只要去洗澡，她都会闭上嘴，害怕水又进去了。

还有一次，我们去朋友家玩。她家养了一只很漂亮的小狗，桐桐很喜欢，就独自在客厅和小狗玩。

　　妻子去上厕所时，发现桐桐在吃东西。她走过去一看，桐桐吃的小饼干竟然是狗粮。妻子一把夺了过来，对她说："小淘气，怎么乱吃东西？这是给小狗吃的啊！"桐桐听后也愣住了，她有点儿紧张，说："我不知道，我看图案挺漂亮的，就吃了。"好在桐桐吃的不多，没有什么大问题。

　　每次，出现类似的状况，妻子总会归因于：她太淘气了。

　　有一次，我问妻子："桐桐淘气，你喜欢吗？"

　　妻子摇头说："不喜欢，因为她的淘气，给我添了多少乱啊，我净为她担心了。"

　　我说："这也对，不过，就一点好处也没有吗？"

　　妻子仔细想了想说："有时候，她出糗了，样子挺好玩的。但是，这也不能算好处啊。"

　　我说："你觉得和别的孩子比，桐桐哪里好？"

　　妻子说："她脑子活，主意多，别的孩子都愿意和她玩，她不缺朋友。她胆子大，有事情了也不害怕，自己解决不了才来找我们。这些我都挺喜欢的。"

　　我说："其实啊，你喜欢的正是她的淘气。她把这些东西用过了头，就成了你眼中的淘气。如果她不淘气，这些东西也没有了。"

　　妻子不相信地问道："怎么，她的优点都和淘气有关了，这不是邪门了吗？"

　　我说："事实正是如此，她如果脑子不活，主意不多，如何淘气？她如果胆子不大，遇事找父母，她敢淘气吗？她如果不是孩子王，能给大家出主意，朋友能多吗？"

　　妻子听到这里，也点了点头。

　　孩子没有不淘气的，十个孩子九个淘。只是大多数家长常常为孩子的淘气大伤脑筋。妻子也常常如此，桐桐因淘气惹麻烦了，妻子就一路抱怨，直到桐桐生气地说："妈妈，你别说了，我再也不这样了。"妻子才肯罢休。

这样一来，桐桐有点怕妈妈了。如果妈妈在场，她会收敛一点，不会"淘"得太过分。

孩子淘气，可以看作是不乖、破坏性强、好动的表现；也可以看作是聪明、想象力丰富、创造性强的表现，这就看父母的眼光了。

生活中，孩子受伤了，又搞破坏了，多和淘气有关。淘气常常与错误相连，似乎也该和错误一同被批判，其实不然。淘气可以导致错误，但淘气本身并不是错，对于这一点，父母一定要明辨，不要在批评错误时，把淘气也连带批评上了。

淘宝贝也是可爱的，哪怕常犯错。

圣诞老公公

> 我希望桐桐敢于梦想，敢于幻想，哪怕是别人都不认可的事情，
> 只要她相信，就勇于去尝试。人类的许多奇迹，不正是由梦想变成了
> 现实吗？

桐桐大约三岁时，爱上了听故事，每天晚上睡觉前，都要听一个故事。这项工作一直由我来完成，偶尔我会出差，妈妈就帮我代两天班。

那一年圣诞节的晚上，又到桐桐睡觉的时间，我开始对她说："桐桐，今天是平安夜，有一个白胡子、穿红衣的老人，他背着一个大袋子，要从天空飞过。他的袋子里，装着好多的礼物。他要是看见哪家有小朋友，又是个好孩子，就会从他家的烟囱爬下来，把一份礼物放进他的袜子里。"

桐桐马上问："爸爸，是真的吗？"

我点点头说："是真的。只要他是个善良的好孩子，都能收到圣诞老公公的礼物。圣诞老公公骑着七彩麋鹿，驾着雪橇，一家一家地跑。他会把礼物送给每一个好孩子。所以，好孩子一定要记住把袜子放在床头，这样，老公公就可以送礼物了。"

桐桐赶紧说："爸爸，我也要放袜子，我是好孩子。"我依言把她的一条大毛线套袜挂在了床头。

桐桐的年纪小，我讲这个故事时，给她反复讲了五六遍，她才弄明白故事的各个细节。终于她睡着了，带着一抹浅浅的笑。

为此，我跟妻子商量，明天一定不能穿帮，要让她相信，礼物就是圣诞

老人送的。然后，我把桐桐想念多时的机器猫玩偶，用彩纸包装好，塞进了她的袜子里。

第二天早晨，我故意哼着歌曲《圣诞快乐》。前一晚，我也给桐桐唱过这首歌。听到歌声后，小家伙马上想起了什么。她径直走向床前那个我昨晚暗示了很多遍的袜子。现在，袜子鼓鼓的，正等待着主人来开启。

桐桐一把扯下袜子，费力地剥开。她问我："爸爸，这是什么呀，我要过生日吗？"

我"噗嗤"一笑，原来，前不久，她在生日时，也收到了一个这样的东西。我说："不是啊，这是什么呀？怎么会有这个东西呢？哪儿来的，快拆开看看吧。"

桐桐打开了包装，玩偶露了出来。她高兴地跳起来说："爸爸，是机器猫，是机器猫。"

妈妈故意走进来说："哟，谁送给桐桐的呀，这不是桐桐最想要的吗？"

桐桐看了一眼我，见我没有动静，她又开始四处寻找，有点犯糊涂了。突然，她小声地问："爸爸，你说，会不会是圣诞老公公啊？"

我一拍脑袋说："对呀，我怎么忘记他了呢。肯定是他昨晚从我们家上空飞过，看见了桐桐，发现她是个好孩子，就送给你礼物了。"

我说这些话时，发现桐桐的眼睛开始发亮了，嘴角也开始上扬。她笑了："哈哈哈，桐桐是好孩子，圣诞老公公给我礼物了。"她一下子沉浸在了喜悦中，用手轻轻地摸着玩偶。这一刻，桐桐完全相信了这一切。一个童话，就这样种在了她的心里。

我煞费苦心地让桐桐相信这一切，就是不想她过早地成人化。每一个幼儿，都是想象力非常丰富的。一个相信童话的孩子，会更相信生命中的奇迹。她在未来的人生旅程中，也会更阳光、自信，相信梦想可以成真。

我希望桐桐敢于梦想，敢于幻想，哪怕是别人都不认可的事情，只要她相信，就勇于去尝试。人类的许多奇迹，不正是由梦想变成了现实吗？

你真棒

> 这是我、妻子和刘老师三个人之间的秘密。这之后，只要桐桐写得好，刘老师都会给她批"你真棒"。我们用了一个善意的谎言，保护了桐桐对学习的上进心。

桐桐最近在学拼音。每天回到家，她就从书包中取出作业本，然后很专注地写着。看到女儿在这么认真地学习，我很开心，所以也非常配合她。每次，只要桐桐要学习了，妈妈就会关上电视，我会走进书房，给她一个安静的空间。桐桐看到大家都很配合他，学习的热情就更高了。

那一天，桐桐学到了"n"，一回家就跟正在看电视的妈妈说："妈妈，你把电视关了吧。我今天要认真地写，这样，刘老师会给我打满分，然后写上评语'桐桐最优秀'。"妈妈看她很兴奋，觉得有点儿奇怪。

桐桐翻开作业本，我走近一看，是她昨天的家庭作业。她写得不是很好，所以老师给了她 B，还在下面批示：书写不规范。桐桐当时三岁多，根本不认识这几个字怎么念。她见作业本上多了几个字，数了数，就认定老师写的是：桐桐最优秀。的确，刘老师常对她说这句话。

我终于弄清楚，桐桐今天这么高兴，原来是误认为刘老师表扬她了。我悄悄地把这件事讲给了妻子听，妻子听了觉得又好笑又好气。因为，她看了一眼桐桐的作业，是写得很潦草。

我赶紧对桐桐说："桐桐，你要认真地写。明天，老师会给你批'你真棒'的。"桐桐果然当真了，她今天要写"n"，写得极其认真，简直就是在一笔一划地描。

写完后，桐桐把作业本拿给我看，我看了一眼，特别地整齐，夸赞说："你写得这么好，刘老师肯定会给你一个A，再奖励你一朵小红花的。"我发现，给桐桐一点小小的奖励，都能把桐桐的上进心给激发起来。

虽然，这一次，桐桐是错把批评当夸奖了。但是，我和妻子都没有戳破这个真相，更没有批评她写得潦草。因为我和妻子的隐瞒，桐桐喜欢上了规范写字。

后来，我和刘老师通了电话，告诉了她这个小秘密。刘老师说："只要桐桐写得好，就把小红花换成'你真棒'三个字。"

第二天回家，桐桐高兴地说："爸爸，刘老师又表扬我了，她还说我真棒，把我的作业拿给其他小朋友看，让他们向我学习呢。"我和妻子都笑了。我翻开她的作业本，果然看见了"你真棒"三个字。这是我、妻子和刘老师三个人之间的秘密。这之后，只要桐桐写得好，刘老师都会给她批"你真棒"。在这样的鼓励下，桐桐的作业一直写得很规范。并且，她上课的精神头也足了，学习成绩上升很快。

桐桐那个作业本写完了，我就有意把它藏了起来。我想，等桐桐认的字多了，她会发现，当初她闹了一个笑话。不过，我想等到那一天时，桐桐已经养成了规范写字的好习惯了。我们用了一个善意的谎言，保护了桐桐对学习的上进心。

在孩子求学的萌芽期，如果老师给孩子的作业写了不好的评语，我们也不要急于批评孩子。如果父母能够用善意的谎言，让孩子把批评当成夸奖，激发起孩子学习的兴趣，不是更好吗？父母要知道，孩子的学习兴趣，就是在父母的鼓励中，慢慢提升的。

孩子的傻问题

"爸爸，雪是树开的花吗？"

孩子的许多问题，在父母眼中，都是"傻问题"。孩子提问，是因为他在思考，再幼稚的问题，也是思维的火花，是需要重视和珍惜的。

冬天到了，妻子把桐桐裹得严严实实。桐桐问："妈妈，为什么脸露在外面？脸为什么不怕冷？"

妻子说："傻丫头，裹住了脸，你怎么喘气啊，怎么看东西。脸一生下来就不怕冷。"

桐桐说："原来这样啊，脸不怕冷。"

我在一旁听了，赶紧说："不是这样的。脸不怕冷，是锻炼出来的。孩子一出生，就露着脸，冬天也是，慢慢地，皮肤就能适应寒冷的气温了。"

妻子好奇地问："那其他皮肤，通过锻炼，是不是也不怕冷啊？"

我说："当然，你看小孩子小时候，还穿着开裆裤时，大冬天里露着屁股，也没见孩子喊冷啊。"

妻子也想起来了，忙说："还真是这样，我咋忘了。"

我说："你是不愿意动脑筋了，看见司空见惯的事，就说是天生的，命定的，还不如桐桐呢。"

妻子反驳："我怎么不如桐桐了？"

我说："你看桐桐，看见脸露在外面，还会去想，为什么脸就不怕冷?你说，你最近这三十年，有想过吗?孩子都问你了，你还不愿意想，推说是天生的，是不是比桐桐都懒得动脑筋了。"

妻子说："她问的，多半是一些好笑的傻问题，我哪有功夫去想。"

我说："不错，孩子的许多问题，在我们眼中都是'傻问题'。孩子问了，是因为他在思考，再幼稚的问题，也是思维的火花，是需要重视和珍惜的。"

桐桐见状，忙跟着我学腔："笨妈妈，不愿想问题，妈妈懒。"妻子见状，只好瞪了我一眼。桐桐马上来了一句："爸爸，我不穿衣服了，我要锻炼皮肤。"

妻子一听就乐了，直接说："行，那外套就交给爸爸了，你来应付吧！"

我赶紧跟桐桐解释："宝贝，如果你一出生就一直不穿衣服，冬天不穿也不会太冷的。但是，你都穿了好几年了，皮肤都怕冷了，不穿会冻坏的。"

桐桐说："我就不穿，我不怕冷。"

我没辙了，只好说："那你先玩会儿，要是冷了，就来穿啊！"桐桐没穿大衣，行动方便，在屋子里又蹦又跳，身上都出汗了。我见状，就没催她穿衣服。

那天在下雪，我们决定一起出去。要出门了，我看桐桐衣服单薄，劝说着："宝贝，这事不能着急，我们慢慢地锻炼。你昨天都穿大衣，今天温度更低，怎能不穿呢?"

桐桐还是不要，我只好拿着衣服，跟着大家出了门。刚到楼梯口，一阵雪风吹过来，桐桐冻得直哆嗦，我赶紧帮她套上了衣服。这一次，她倒没有拒绝，看来，她还是怕冷的。

走在街道上，桐桐看见了一只小狗，她问我："爸爸，你看，狗也穿衣服了。"

我说："这是为了好看，狗有毛，本来不用穿的。不过，狗一旦穿习惯了，不穿也会冷的。"说到这里，我马上意识到，要出状况了，果不然，桐桐来了句："和我一样。"母亲和妻子听了，都哈哈大笑起来。

桐桐愣愣地看着我们，我有些尴尬，不知该如何跟桐桐解释。其实，桐桐说的原理是对的，本不错。我只好对桐桐笑笑说："没事，她们笑她们的，我们走我们的。"

桐桐的问题还真多，没走几步，她又问："爸爸，雪是树开的花吗？"

我说："不是，它是水变成的，因为冷，它就变成了花的样子。"

桐桐又问："那现在有花开吗？"

我说："有啊，像梅花、山茶花、水仙花，都是冬天开放的，有机会我带你去看，好吗？"

桐桐说："好。它们不怕冷。"

我说："对。它们是植物，是天生的不怕冷。我们是人，我们要多锻炼，才能不怕冷。"

走在路上，桐桐看到雪地里，有一排动物脚印，她问我："爸爸，你看呀，地也开花啦。"

我看了看，笑着说："宝贝，这不是地开的花，这是小猫小狗的脚印，它们的脚印像花儿，看起来就像雪地开花啦。"

桐桐起了好奇心，我说："来，爸爸给你踩一朵花。"我用脚在地上给桐桐踩了一朵花。桐桐见了，也要踩，我就教她怎么踩。踩好一朵后，桐桐说："爸爸踩大花，我踩小花。"

我说："对，脚大踩大花，脚小踩小花。"

母亲在一旁说："你看他，桐桐问他啥，他都认认真真地回答，真有耐性。"

妻子点点头说："是呀，他跟我说，桐桐问，就是在动脑筋，他要认真对待她的问题。这样，桐桐才会喜欢问，脑子才越聪明，还能学不少东西呢！"

母亲听妻子这样说，也理解地点了点头。

鞋底的花纹

> 每一天，孩子都会有新发现。或许在你眼中，它们只是小小的山丘，早已熟悉，但是当孩子报告发现时，你依然要惊喜，因为在孩子眼里，它们是新大陆。这份惊喜，是激励孩子继续远航的动力。

有一天，我们一家人出去玩。妻子在地上铺了一张毯子，桐桐自己脱了鞋，爬了上来。我和妻子见状，也脱了鞋，坐在了毯子上。

草坪上有不少人，有的在看书，有的躺着睡觉，有的是孩子和大人一起玩游戏。我看了一眼桐桐，她好像无意和我玩游戏，正拿着自己的鞋子研究呢。

我见状，就拿出一本书，坐在树阴下，美美地看了起来。妻子在欣赏周围的人，这片草坪，非常热闹，的确很养眼。

突然，桐桐站了起来，跑到我的旁边，拿起了我的鞋子。我忙问："你干什么呀？爸爸的皮鞋臭，别玩鞋子。"桐桐说："我看看。"说完，她又跑到了妻子的鞋子旁，也拿过来看了看。桐桐走到我的旁边，悄悄地说："爸爸，我发现了一个秘密！"

我猜，肯定与鞋子有关，不想打消她的热情，就小声地问："什么呀？快告诉我。"

桐桐说："我发现，我们的鞋底，都有花纹。"

我一听，心想：这算哪门子的秘密啊，全天下的人都知道。我看了看桐桐，她很认真，我马上醒悟过来：桐桐是认真的，她肯定是第一次发现。想到这里，我马上说："是吗？你挺细心的啊，这一点爸爸都还不知道呢！"桐桐看我感兴趣，赶紧去拿鞋，一双一双展示给我看。我忍着鞋的臭味，笑着说："呀，还真是这样啊，怎么会都有花纹呢？"妻子看我的样子，在一旁偷偷地笑。

桐桐听了我的问题，也开始想，可她一下子想不出来。她求助地看着我，我提醒她："你想啊，要是鞋底是平的，就像你现在穿着丝袜，光脚的样子，会出现什么状况呀？"桐桐看了看自己的脚，在毯子上磨蹭着，她还是不知道。我只好无奈地说："这样，你先记住这个问题，慢慢想，想出来了再告诉我吧！"桐桐点点头。

桐桐在毯子上玩了一会儿，觉得没意思了，她穿上鞋，跑到毯子外去玩了。草坪外，有一个长台阶，旁边有两溜儿滑坡，几个男孩子把它们当滑梯了。总是一趟趟走上去，然后又滑下来。桐桐被吸引了，也走了过去。她学着别人的样子，小心翼翼地从滑坡底往上走，到了顶，就滑下来。

妻子见状，赶紧说："呀，裤子要滑破了，不能让她玩。"我见状，赶紧拉住了她说："等一等，让她先玩会儿。她的衣服，哪一件能穿破啊，都还是新的她就长大了。裤子是小事，滑两下就破了，肯定不至于。"

妻子说："那裤子事小，摔了事大吧？"

我看了看说："那你盯着吧，如果危险就过去。"

妻子不放心，穿着鞋就过去了。桐桐见妈妈来了，问她："你能从底下走到上面去吗？"

妻子说："我不行，我穿的高跟鞋，走在上面要打滑的。"

桐桐突然想到了什么，她说："妈妈，为什么我能走。"

妻子说："你是平底啊，鞋上有花纹，能防滑。"

话一出口，妻子马上就后悔了。桐桐听后，马上大悟，她笑着说："原来，花纹能防滑呀。"小家伙自己想不出，倒是让妈妈回答了。

发现这个秘密后，桐桐就开始观察。不一会儿，她就跑来说："爸爸，我看到自行车轮子上有花纹，汽车也是。"我说："对，还有好多呢，你可以慢慢发现。"

每一次，桐桐向我报告，我都夸奖她观察仔细，有眼力。我的热情也鼓舞了桐桐，她发现的花纹越来越多，我杯套上的花纹，篮球上的花纹她都发现了。

每一次，我都会惊喜地夸她细心，观察东西用心。慢慢地，桐桐爱上观察了。很多事情，她都会用心观察，再思考，把她的发现告诉我。她的很多发现都很正确，让我很惊喜。

其实，每一天，孩子都会有新发现。或许在你眼中，它们只是小小的山丘，早已熟悉，但是当孩子报告发现时，你依然要惊喜，因为在孩子眼里，它们是新大陆。这份惊喜，是激励孩子继续远航的动力。

白裙子上的污渍

> 其实，没有人会去注意她的脏裙子，就只有桐桐一个人在意，所以她有些发挥失常了。我没想到，一块污渍，竟然能够影响桐桐对自己的认可。她跳得那么棒，竟然敌不过一块污渍。

元旦到了，幼儿园要搞元旦晚会。桐桐也参加了表演，她的节目是《小天鹅》。这个节目一共需要六个女孩，桐桐是其中的一个。

这几天，桐桐放学回家，都在跟我讲《小天鹅》。桐桐能够扮演美丽的小天鹅，她很高兴，也很珍惜这个机会。所以，排练时，桐桐是最认真的一个，动作也做得最标准。我知道，桐桐这么努力，是想做一只美丽的"小天鹅"。也许，每个小女孩的心中，都有一个天鹅公主的美梦，都希望自己是最漂亮、最迷人的。

元旦晚会开始了，家长也被邀请了去观看孩子们的表演。大多数父母都带着照相机和摄像机，他们都希望将自己孩子的节目拍摄下来，把孩子成长的这段足迹保留起来。当然了，我也不例外。一大早，我就把摄像机充好电，准备给桐桐拍个全程记录。

桐桐穿的是一件白色的蕾丝舞裙，梳着小发髻，人看上去很精神。老师招呼着孩子们排好队，准备入场。台下的小朋友都一排一排整齐地坐着，台上台下一片吵闹声。

桐桐排练时表现不错，她自信地对我说："爸爸，我今天是不是很漂亮呀？你一定要把我拍得好看点。"我说："放心吧，相信你爸爸的摄影技术。"

节目开始了，台下变得安静起来，大家都在静静地观赏节目。《小天鹅》是第二个上场的节目。

一上场，桐桐的表演马上赢得了大家的掌声，其他五只"小天鹅"都成了桐桐的陪衬。为了捕捉到每一个精彩的镜头，我蹲在了最前方。

舞蹈的高潮部分是一个优美的旋转，在桐桐旁边的一个女孩由于重心不稳，一下子撞到了桐桐。而正在旋转中的桐桐，也由于惯性摔倒了。幸好桐桐没有受伤，但是白裙子弄脏了一大片。桐桐看到白裙子上的污渍，眼泪立马滚了下来。

我安慰她："裙子弄脏了没事，只要人没伤到就好。"桐桐哽咽地说："爸爸，我的白裙子脏了，我是不是变丑了呀？"我马上回答："没有变丑，你还是很漂亮的，没人会笑话你。"

刘老师一直在旁边，确认桐桐没事可以继续上台表演后，《小天鹅》的表演又继续了。音乐响起，我发现桐桐跳舞时好像变了个人似的，低着头，一脸的不自信。大家的目光马上被其他"小天鹅"抢去了。现在，桐桐成为了一个陪衬。

其实，没有人会去注意她的脏裙子，就只有桐桐一个人在意，所以她有些发挥失常了。我没想到，一块污渍，竟然能够影响桐桐对自己的认可。她跳得那么棒，竟然敌不过一块污渍。

桐桐表演结束后，我把她搂在了怀里，坐在了台下继续观看其他小朋友的表演。可是，我依然感觉到，桐桐根本没有看表演，而是不安地用手在擦着那块污渍。

我低声问："是不是你觉得脏裙子把你变得不漂亮了？"

桐桐点点头："大家都穿着雪白干净的裙子，只有我穿着脏裙子。"

我说："你见过街上的清洁工，你觉得他们脏吗？"

桐桐说："因为他们的劳动，让我们这个城市变干净了。所以，他们不脏，还是一群可敬的人。"

我马上说："你的舞跳得很好，你给大家带来了欢乐，你也是一个可爱的人呀。"

桐桐说："那他们嫌弃我的脏裙子吗？会不会觉得我丑？"

我说："你表演完了节目，大家都在为你鼓掌呢。没有人嫌弃你的脏裙子，更不会有人觉得你丑。"

桐桐指了指污渍说："这个难道不脏，也不丑吗？"

我叹了口气，说："你难道就因为裙子上这个污点，就把自己的价值给否定了吗？你这一个月的辛苦排练，是老师和同学都看见了的。大家给你掌声，是因为你跳得好。"

桐桐低下了头，小声说："我还以为大家都在盯着这个污点看呢。"

我说："一个舞跳得好的人，是不会因为她裙子上有污点就会被否定的。大家评判你的标准，是你跳的舞，而不是你穿的裙子是否干净。"

桐桐脸上恢复了笑容，兴致勃勃地问我："爸爸，我跳得怎么样？"

我马上说："桐桐的舞跳得最棒，真是一只美丽的天鹅。"

桐桐问："爸爸，你录下来了吗？给我看看吧。"

我马上把摄像机递给她。其实，在前半场，我还录了其他人，因为那个时候，桐桐跟别人比较，是最耀眼的。后半场的话，我就只录了桐桐一个人。没有了比较，桐桐也没有看出破绽。

从那天桐桐的表现中，我发现她还没有学会正确评价自己。她能够客观地评价别人，却不能客观地评价自己，很轻易地就会把自己的价值完全否定掉。

我知道，我又有了一个新的课题：教会桐桐客观公正地评价自己，弄清楚自身的价值，不会轻易地否定自己的价值。也许，这个课题是一生的。

她需要不断地寻找和调整自我认知的坐标，掌握一种最立体、最真实的自我评价方法。不会扭曲自身的某些优点或是缺点，也不会扭曲对自我的认知。

你可别告诉别人啊

谁没有经历过成长的尴尬？能够帮助孩子遮羞，正是爱孩子的体现。

一个周末，只有我和桐桐在家。妻子和同事去密云旅游了，奶奶到姑妈家去了。一上午我都在看书，桐桐在摆弄着玩具。

中午，我煮了点方便面，解决了两人的温饱。桐桐吃得很不乐意，我便问她："晚上你想吃什么，你来做主怎么样？"

桐桐问："能去麦当劳吗？"

我看了看外面，天气不太好，正刮着风。我指指窗户说："你看，外面刮大风呢！要不，爸爸给你煮面条吧？"

桐桐马上说："不要，我不爱吃面条，就想吃汉堡。"妻子平时不赞成桐桐吃麦当劳，所以她平时吃得很少。见我不动声色，桐桐拉住我的衣角摇着："爸爸去吧，我现在真的特想吃大汉堡！"我点点头。

我们走到楼下，风的确很大。我赶紧抱起她，上了车。刚开到一半，桐桐突然说："爸爸，我要尿尿。"我一看，车正行驶在四环线上，离最近的公厕要五分钟。我赶紧从出口开出来，找公厕。还好，马上看见了一个。停稳车后，我就拉着她向公厕跑。

初春的天气，风很大，有些冷。刚跑了几步，桐桐突然站住了，表情显得怪异。我喊她："桐桐，快呀。"

她紧张地左右看了看，小声说："我尿了。"

我赶紧抱起她说："没事了，没事了。"

她哭了，一边哭一边看着我。突然，她俯到我耳边说："爸爸，好羞羞啊！"

我马上拍着她安慰："没事的，真的没事。你才四岁啊，这种事爸爸小时候也做过。"

桐桐哭了一会儿，情绪稳定点了。她很认真地对我说："爸爸，你可别告诉别人啊。"

我问她："那妈妈呢？"

她摇摇头说："不，她会告诉别人的。小朋友知道了，会笑我的。"

我赶紧保证："这件事，只有桐桐和爸爸知道，其他人都不告诉。"得到了保证，桐桐才安心了。

我摸了摸她的裤子，说："宝贝，我们回家吧，赶紧换条裤子去。"

桐桐却说："我还要吃麦当劳！"我看她的眼神，是真想吃，就答应了。

等我带她选好了食物，我们就外带着回家了。一回到家，我赶紧给她换了裤子。

这件事，也算是桐桐生活中的一个小插曲吧。我信守承诺，没有将这件事跟任何人说，包括妻子。

尿裤子是孩子非常忌讳的事，会让他觉得羞愧。常常，孩子尿裤子了，父母喜欢弄得人尽皆知，或许是觉得好玩，或许是为了刺激孩子永不再犯。但，事实并不能父母所如愿。

无论出于什么原因，父母对孩子揭短的行为，除了伤害孩子脆弱的自尊之外，并不会起到任何好的作用。如果情节严重，可能还会给孩子留下永久的心理创伤。

谁没有经历成长的尴尬，能够帮助孩子遮羞，正是爱孩子的体现。

青蛙变成了"人"

> 怀疑是一个新发现的开始，无论最终的结果是对是错，怀疑者都得到了宝贵的经验。哪怕是定论，是权威，也同样可以质疑。

有一天，桐桐在家写作业。突然，她拿着教材跑过来找我，说："爸爸，我发现了一个错字。"我看看她手中的教材，心想：不可能吧，教材上也有错误？还是桐桐看错了？我怀疑地接过了书，问："哪儿错了？"桐桐说："爸爸，你看这篇文章，讲的是小青蛙，可是小青蛙是动物，怎么能用'他'呢？应该用'它'呀，是不是？"

我心想，的确，如果是动物，是不能用"他"的。但是，这是一篇童话类的故事，书中的青蛙已经变成了"人"，所以能用"他"了。

我觉得桐桐很用心，发现了这个细节，便夸奖她："你肯动脑筋，爸爸要表扬你。如果是说现实中的动物，就要用'它'来代指，这点很正确。但是，这篇文章是一篇童话，小青蛙去找妈妈，说了很多话，和人一样了，不再是现实中的青蛙了。"

桐桐说："也是哦，真正的青蛙才不能去问老黄牛，自己的妈妈在哪里呢！"

我说："是呀，这只小青蛙是童话中的一个小朋友，和你一样，他想找到自己的妈妈。童话中常借用动物的角色，讲一些人的事，所以，很多童话中的主人公，都是用'他'或'她'来代称的。你用心观察一下，就能发现啦。"

桐桐说："我弄明白了。只是，老师刚给我们讲这个了，我一对比，就发现问题了。"

我说："那就是老师没有讲清楚，或者是你没听清楚，动物用'它'代称也是分场合的。不过，你发现了这个问题，说明你很用心。你这么一问，又学会了一个新知识。"

桐桐点点头，满意地离开了。

桐桐从五岁开始独立阅读，一开始，我就告诉她："你要用心看，书上的字也不一定全是对的，你要是找到错误了，就告诉我。"

这样一来，桐桐在看书的过程中，又多了一个任务，找错误。好几次，她高兴地跑来找我说："爸爸，我觉得这个字写错了。"

我看了一眼，对她说："爸爸也记不清了，你去查查字典吧！"

结果，她一查字典，发现是自己错了。我早看出是她错了，但是不想给他结论，我不想桐桐把我当成权威。

除了找错字，我还告诉桐桐，不论是谁的话，都不一不定全对，都可以去怀疑。不过，你不能只是怀疑，你还要去求证，这样才能辨明正误。

有一天，桐桐看了爱迪生孵小鸡的故事，她问我："爸爸，书上说的是真的吗？人是真的孵不出小鸡吗？"

我说："现在的科技进步了，早就弄明白孵化小鸡的适宜温度了，只要能采取一定的措施，把握好温度，人身上孵出小鸡是能办到的。"

每一次，听到我和桐桐聊这些，妻子总会觉得我俩太神经。我不理会妻子，依然鼓励桐桐大胆地去怀疑。

想得多了，桐桐开始着手做实验了。她的好多设想，如果有条件，她都想亲自检验一下。

有一次，桐桐看到书上说，果实成熟时，皮会变红，和阳光的照射有关系。桐桐不相信，她觉得，这种颜色是果实天生的。我听后，就支持她搞个实验。

我们家阳台上有几株盆栽，有一种叫四季果，一年四季都能结出红红的果实。桐桐就选了几个青果子，用黑色的纸严密地罩起来。一段时间后，和它们差不多大的果子都红了，桐桐解开了黑纸，结果发现，这些果子成了淡黄色。

桐桐看那些红艳艳的果子，失望地说："爸爸，我猜测错了，还真与阳光有关系。"

我看了看说："也不全对，你看，它们是淡黄色，并不是白色或黑色。这说明，果子变红，也有它们自身的原因啊。黄色和红色，是很相近的两种颜色。"

桐桐马上反驳我说："爸爸，你错了，红色就是红色，黄色就是黄色。我认定它们天生是红色的，所以我错了。阳光照射后，它们才变得这么红了。"

我思考了一会儿，马上承认桐桐说的对，我错了。

怀疑是一个新发现的开始，无论最终的结果是对是错，怀疑者都得到了宝贵的经验。哪怕是定论，是权威，也同样可以质疑。

我家养了头小老虎

每一张"牛皮"后面，都藏着孩子的一个小小心愿。

有一天，我去幼儿园接桐桐，她正在和一群孩子玩。孩子们在聊家里的宠物，都在说自家的宠物可爱。一个孩子说："我家里养的是金毛犬，我妈妈说，它是纯种的。它虎头虎脑的，特别可爱。"

听她这样说，一个孩子马上说："我爸爸养了只大白熊，它的脾气特别好，还帮我们看家呢。我爸爸说，有它在，小偷都不敢到我们家来。"

有的说"我家有腊肠犬"，有的说"我家有布偶猫"。大家七嘴八舌的，很热闹。这时，一个小男孩说："我们家养了一头小老虎，是我爸爸从大森林里捉出来的。"他的话一说完，一群孩子全愣住了，大家都羡慕地看着他。

有几个孩子走过来，跟小男孩套近乎，对他说："你家的宠物真厉害，你能带我去看看吗？我可喜欢小老虎啦，你爸爸在哪儿抓的呀，我也要让我爸爸去抓。"

一时间，小男孩成为人群中最受欢迎的人。

我在一旁听着孩子的聊天，也笑了。我知道，小男孩在吹"牛皮"，他们家肯定没养宠物。他听到大家都在搬"家底"，就是他没有，出于好胜心理，便使出了杀手锏。如果不是撒谎，谁家能有小老虎啊？小男孩"吹牛"的弦外音是，他想胜过大家，他很厉害。

孩子出于好胜心吹牛，撒了谎，也是要付出代价的。同学们想去看看，小男孩就会推脱；而且，很快，这个谎言就被揭穿了。小朋友只要回家一问父母，马上就知道小男孩撒谎了。这样，大家都会嘲笑他说谎，结局会更糟糕。

如果发现孩子太好胜，可以引导他参与竞赛类的游戏，这样，孩子既满足了好胜心，还增进了竞赛的技能。

这是一群外班的孩子，在教室外面玩。桐桐班上在教室里上课，我等了十几分钟，她们下课了，桐桐向我跑了过来。

我问桐桐："你们班上有吹牛大王吗？"桐桐说："张士杰爱吹牛，不过，现在他的话大家都不信了。"

说到这个，桐桐突然想到了一件事，讲给我听。原来，有一次，张士杰跟大家说，他爸爸从六楼上跳下来都没事，他的爸爸是警察，装上保险带后，就直接从六楼跳下来了。大家当时都相信他了，后来有同学问他爸爸，他爸爸说张士杰胡说。

我听后，笑了笑。其实，张士杰吹牛的弦外音是，我的爸爸是一个大英雄。张士杰应该很崇拜爸爸，所以就虚构情节，让爸爸在同学中的形象也高大起来。其实，张士杰的爸爸一定平常很忙，不能常来接他。他只要多接接孩子，跟孩子的朋友聊聊天，讲讲自己的惊险事迹，就能帮儿子满足"爸爸是英雄"的心愿了。

别小看孩子轻飘飘吹出的"牛皮"，其中都含着弦外音，比如好胜心理、炫耀心理等。父母能够听出话中话，才能把握孩子的心理，及时对孩子进行引导，矫治。

每一张"牛皮"后面，都藏着孩子的一个小小心愿。作为成人，是很容易看出背后的秘密的。一旦父母碰到"牛皮"，先不要训斥孩子撒谎，要理解孩子的苦心，然后或满足它，或进行引导、矫治。

最红的花朵

> 我原本以为，给桐桐最科学的答案，能让她少走弯路。没想到，自己却走了一段教子的弯路。

最近，我发现桐桐的"为什么"特别多，很多时候，我都不知道如何解答。刚开始，我认为，要给桐桐最科学、精确的解释，毕竟父母不能误导孩子。

一天，我们家种的红月季开花了，她兴奋地跑来说："爸爸，开啦，开啦，花瓣打开了，我都看见花蕊啦。"我赶紧牵着她走到阳台，果然，月季花已经盛开了。

桐桐马上来了一句："爸爸，为什么它这么红啊？"

"因为它含有花青素，当它是酸性的时候，就显现出红色了。"我回答。

我一回头，却看到了桐桐有点失望的眼神。我问她："你怎么啦？"

她小声说："我还以为，是我把妈妈的口红种在了花盆里，它才变得这么红呢！"桐桐一语既出，我马上小声对她说"嘘"。

桐桐马上问："怎么啦？"

我蹲下来问她："这事还有谁知道？"

她摇摇头说："这是我一个人的秘密，今天你也知道了。"

我对她说："那好吧，我们就继续保守这个秘密吧，别让其他人知道了。"桐桐认真地点头，还和我拉了勾。

半个月前，妻子买了支口红，花了三百多，她很珍惜。可是，没想到，刚和同事出去吃了一次饭，口红就不见了。她一直怀疑是落在饭店了，从没想过和桐桐有关。

从月季花种上以来，桐桐就对月季花很上心。最近，我又告诉她，月季要开花了，只要桐桐精心爱护它，它就会开出最红的花朵来。没想到，桐桐还真能想象，竟然用了这一招。

桐桐每天晚饭后，都会给它浇浇水，还和它说会儿话。期盼着，期盼着，它终于在今天盛开了，开得这么红艳妖娆，桐桐高兴坏了。她一定以为都是这支口红的功效。

我问她："你怎么想到用口红养它呢，你真有办法！"

桐桐马上说："你不是说是因为花青素吗？它又是什么呀？那我的口红有效吗？"我马上想起她失望的表情。她知道自己又错了。

我蹲下来，慢慢地跟她说："花青素的问题，爸爸明天会给你买一本科普幼儿读物，到时候你自己去寻找谜底吧！我想说的是，这花儿这么红，其实你的功劳最大。桐桐这么爱护它，天天给它浇水，还喂它口红吃，它不红才怪呢！"

桐桐相信了我的话。她高兴地问我："爸爸，是真的吗，是我的功劳吗？"

我赶紧点点头说："是啊，桐桐最关心它，当然是桐桐的功劳。"这件事就这样告一段落了。

周末到了，我们一家人去公园散心。走在林荫道上，桐桐突然扭过头来问："爸爸，小树为什么不会走路？"

我吸取了上次的经验，没有马上告诉她，反而问道："是啊，它为什么不会走路呢？桐桐你想一想，这是为什么呢？"

桐桐马上就认真地思考起来，还不时看看我和妈妈走路的样子。突然，她惊喜地告诉我们："我知道了，因为小树只有一只腿。我们有两条腿，所以能走路，小鸟也一样。我们家咪咪有四条腿，所以它跳得更高，更远。"桐桐说这些话时，妻子一直偷笑，我用眼神制止了她，任由桐桐说完了她的理论。

桐桐一说完，我马上夸奖："是啊，我怎么没想到，还是桐桐机灵啊。"

桐桐被我一鼓励，马上又说："小树不能走路，但它爱笑。你听，它在'哗哗'地笑个不停呢，它过得真开心啊。"

我看桐桐有兴致，就继续鼓励她说："是呀，它和人一样，也有感情的，你能感受到吗？"

桐桐说："我能听到它说话。"

我说："那桐桐给我们讲讲小树的心情吧，说说它的心思。"

桐桐马上就开讲了，情节不十分出彩，但桐桐任由自己的想象，给了小树一个主角的身份，让它开始了在桐桐童话故事中的旅程。

妻子小声对我说："这孩子，还挺有想象力的。"

我说："是啊，其实孩子本来就比成年人有想象力，只是被成人无意间束缚了。想象力远比知识重要，它是知识进化的源泉。以后，只要她问我俩'为什么'，我们就任由她自己编吧，你看她多开心。"

妻子也点头说："好啊，有时候，我也挺喜欢听桐桐讲故事的。她的故事总让我情不自禁地笑出声来，这就是精彩吧！"

我对妻子说："爱编故事是每个孩子的天性，尤其是他刚能成功组织语言的时候。是我们平时给桐桐的机会太少了，压抑了桐桐的想象力啊。不过，现在改过也还不晚，你看她编得多入迷啊！"

我原本以为，给桐桐最科学的答案，能让她少走弯路。没想到，自己却走了一段教子的弯路。

考试不及格之后

对于年纪尚幼的孩子，想提高学习成绩，关键不是去报班培训，而是培养他的学习兴趣。父母也许做不了优秀的教师，但完全能做一个优秀的兴趣激发者。

最近，桐桐的业余爱好变多了。一放学，把书包扔下，就跑到小区广场玩耍。桐桐虽然是女孩子，可是像男孩子爱玩的滑板、飞车，她也会玩。

每天下班后，我都会去广场找她。桐桐看见我来了，总会远远地跑过来，搂着我的脖子撒会儿娇。然后，又回到她的游戏世界去继续玩耍。

现在，桐桐正是喜欢玩的时候。五岁，上幼儿园了，每天和那么多的小朋友在一起，知道的新花样也很多。在小孩子玩乐上面，我都比不过她。

看到桐桐经常玩耍，妻子却开始着急起来。明年暑假后，桐桐就要升小学了。她希望桐桐能够进入重点小学，获得更好的教学资源。妻子极其不希望桐桐输在起跑线上，她希望桐桐变成一个优秀的孩子。妻子的优秀标准是：要认识很多汉字，一百以内的加减乘除要会算，能够掌握一门乐器。

桐桐是个很爱看书的孩子，所以她的识字率不错。可是，数学却很差。妻子怕桐桐进不了重点小学，于是决定给她报培训班。

我知道桐桐的个性，她喜欢随性而为，不喜欢被人管束。她不会在任何人的强制下学习，除非她自己很想学。可是，如果桐桐适应不了学校的教育，成绩太差劲，也会影响到她的个性发展。在学校里，成绩优异还是差劲是老师和同学评价学生的重要标准。小学跟幼儿园不一样，小学的功利性倾向更强。

这几天，我一直在思考：如何把我们的期望值，以一种合理的方式，传达给桐桐呢？桐桐要知道，爸爸希望她成为一个什么样的"学生"。否则，她可能会放任自流，不用心学习，认为我对她并没有什么高要求。

桐桐参加了幼儿园的数学测试，考了45分。妻子仔仔细细地把试卷看了一遍，生气地说："你怎么连这么简单的题都会做错。脑子是不是进水了？下次考试再不及格，星期天就给我去补习。"

听到妻子说补习，桐桐就发起愁来。她不喜欢补习，觉得补习是一种剥夺她玩乐的酷刑。桐桐弱弱地问了一句："我能让爸爸教我数学吗？"

妻子坚决地回答："不可以。你爸爸的数学成绩也不好。"

桐桐听了，垂头丧气地坐在了沙发上。我急忙说："我的数学虽然不好，但教她应该没什么问题。"

就这样，我成为了桐桐的数学补习老师。星期天，我拿出桐桐的数学书，翻到了第一页，说："桐桐，你要跟我好好学，这没什么难的，要相信自己。"

桐桐说："下次考试，如果我数学还考不及格怎么办呢？"

我说："如果你下次还不及格，是爸爸没教好，让妈妈怪我就好了。"

我给桐桐讲了两个小时，看起来她听得有些吃力，但是她一直在认真地听我讲，并没有分神。

晚上，妻子要做蛋糕，桐桐也想做，妻子就让她去帮忙。做蛋糕首先要分配好面料、鸡蛋和水的比例。我拿来了秤，帮桐桐一起计算重量。我还说："桐桐，你只要学好了加减法，就能自己做蛋糕了。"桐桐喜欢动手尝试，这对她是个很大的诱惑。

从做蛋糕这件事情中，我得到启发。生活中，处处有数学。让她来体验，就是在让她学数学。比如说，我带着桐桐去买水果，就让她计算价钱。她算的次数多了，也不怕算术了。

后来，我把"九九乘法表"编成了歌曲。每天教桐桐唱两遍，不到一周，桐桐就把"九九乘法表"背得滚瓜烂熟了。

看到桐桐的转变，我心里很高兴。有时，我和桐桐去买水果，桐桐还会和我争执，"爸爸，你算错了，应该是……"其实，我是故意算错，想让她变得自信，激发起她对数学的兴趣。

一个月后，桐桐再次数学测试，得了87分。妻子看到试卷后，高兴地说："你虽然高中数学从来没有考及格过，但是教女儿数学还是教得很好。"

我笑笑："桐桐爱爸爸，爸爸也爱桐桐，没有什么困难能够难住我们。"

我觉得，对于年龄还小的孩子，要想提高学习成绩，不是去给他报培训班，而是要培养他的学习兴趣。孩子的兴趣培养起来了，成绩自然也上去了。也许，父母成为不了一名优秀的老师，但完全有能力做一个优秀的兴趣激发者。

6

爱·孩·子，请把孩子推出门

「采蘑菇」的小姑娘

我要自己来

打针一点都不可怕

自如地滑行

做家务很快乐

再睡一会儿

我要自己吹头发

勇敢地试一试

我要打耳洞

我不喜欢爸爸，也不喜欢妈妈

不听话，爸爸会生气的

我就不想上培训班

乱七八糟的玻璃柜

"采蘑菇"的小姑娘

如果孩子常常被喝斥"这不能动""这你还不会，走开"，他们就会觉得自己很无能，慢慢地，会变得自卑。父母多给孩子一些接近成功的机会，孩子才能早日学会技能，也能增强自信心。

桐桐一岁左右时，我常常利用空闲时间陪她玩游戏。那时我们常常玩"采蘑菇"的游戏。

我在地板上铺上毯子，将玩具和玩具筐拿来，鼓励桐桐把玩具一个一个地放入筐中，我称之为"采蘑菇"。这是桐桐"力所能及"的，她可以把东西一个一个全放好，所以，她在游戏过程中，每成功一次，都很高兴。如果桐桐把"蘑菇"全部放进去了，我会说："哇，全放进去啦，你真厉害！"

有了鼓励，桐桐把玩"采蘑菇"当成了在做重要的事。只要有时间，她就一个人玩得津津有味。当然，每次她成功了，我或妻子或母亲，都会夸她厉害。听到我们的夸奖后，她会马上把筐子翻倒，开始第二轮的"采蘑菇"。

大一点了，桐桐不爱玩这个了，又开始了其他的尝试。

当然，有一些事情是桐桐一时做不好的，但她一旦认定了，就很执拗。有一次，桐桐见我倒开水喝，她也要跟着学。妻子和母亲都担心她被烫，不让她靠近饮水机。桐桐见状，就和大家玩起了游戏，只要客厅没人，她就向饮水机冲去。然后，就是好几个大人赶过来，桐桐见状，马上又哈哈大笑地跑开了。

我发现，桐桐完全误解我们的意思了。她想和我们开玩笑，但她不知道，她碰开水是很危险的。这么小的孩子，跟她讲道理，完全是对牛弹琴。桐桐这样做，有一点好奇心理，也有一点逆反心理。

没有办法了，我只好来教她。我要接水喝了，我就说："桐桐，来帮忙吧。"

桐桐走了过来，我又说："爸爸端杯子，你帮忙把这个按下来。"桐桐开始按下，水流出来了，她一松手，水又不流了。桐桐又按下，水又流了。反复了好几次，我终于接满了一杯水。

桐桐看到杯子里冒热气，用嘴吹了一下说："爸爸，烫。"我见了，又好气又好笑。看来，她完全知道这个烫，只是想逗我们玩啊。但是，她去接水，真被烫了，还是会受伤的。

后来，我每次接水，都把桐桐叫过来。有时候，我让桐桐端杯子，有时候，我让她按按钮。一段时间后，桐桐对整个操作都很熟了。她能一手拿杯子，一手按按钮。

有时候，桐桐常常接了一小杯水，然后自豪又高兴地说："桐桐喝。"每每这个时候，我就说："嗯，真棒啊。"

我告诉桐桐，她在接水时，可以少接一点，喝完了再接，多了会烫手的。桐桐有一次接了一满杯，马上觉得很烫，她就给我了。所以，我的建议，她欣然接受了。

有一次，一位朋友看桐桐去接水喝，吃惊地说："呀，这么小，怎么自己接水喝呀？"我说："教了很长一段时间了，学会了。"

孩子的生活中，不能设置许多高不可攀的东西，要多给孩子一些机会，让他慢慢能做更多的事。越是被禁忌的事，越要早教会孩子。如果他学会了，发现，事情都是力所能及的，会更加自信。

如果，孩子常常被喝斥"这不能动""这你还不会，走开"，孩子只会觉得自己很无能，慢慢地，会变得自卑。父母多给孩子一些接近成功的机会，孩子能早日学会技能，也能增强自信心。

我要自己来

孩子在成长过程中，独立意识会渐渐增强，父母此时要放手，允许孩子自主和独立，让他"自己来"。此时，父母可以转变角色，变成一个向导，引着孩子去看人生的风景。

大概从一岁左右，桐桐会说"不"后，她的独立意识开始觉醒。妻子给她喂奶，想帮她扶奶瓶，她会一边用手打妈妈的手，一边说"不"，然后，自己用小手紧紧地握住奶瓶柄，往嘴里送。她成功了，会满足地吸一大口，然后幸福地冲我们笑。

我只要见了，总会夸张地说："哟，真棒啊，自己喝奶啦？真厉害。"虽然有点夸张，但桐桐很受用，听后心情倍儿好。

最麻烦是早晨，每次穿衣服，她也要求自己来。当时正值初春，穿得衣服还不少，她完全应付不了。妻子嫌她动作慢，总是强行给她穿，硬把胳膊往袖子里塞。每每这个时候，桐桐就气得哇哇直哭，边哭边喊："不，不！"

我嫌妻子方式不好，她则抱怨："照顾她，我都快累坏了，要是她感冒了更是麻烦，我顾不了那么多了。"

我试过几次，如果一直依着桐桐，衣服还真是穿不进去，只好连哄带骗地说："快看啊，桐桐自己穿衣服啦，快伸手。"就这样，桐桐负责伸手臂，我们把袖子套进去。桐桐依然很高兴，因为她认为，自己伸手了，衣服就是自己穿的。

一岁半时，她能说不少短句子了。"自己来！"成了桐桐的口头禅。

吃饭时，她要求自己来。刚开始，她吃得慢，还天一半地一半的，妻子看得着急，奶奶看得心疼。我护着桐桐，不准两人批评她，由她自由发挥，吃饱为止。

有一两次，妻子实在看不过去了，就给她喂饭，结果桐桐吃得很不配合，总是东跑西跑的，累得妻子不行。结果一顿饭喂完，还是花了半个多小时。我一直说，这种习惯很不好，还是让她自己吃。妻子见状，只好让桐桐自己吃。

吃完饭，妻子想帮她擦嘴，桐桐会赶紧说："自己来，自己来！"边说边躲开。我看女儿抓过毛巾，笨拙地擦着嘴，心想：长大了，都不想要妈妈当"拐杖"了。

孩子在成长过程中，独立意识会渐渐增强，父母此时要放手，允许孩子自主和独立，让他"自己来"。此时，父母可以转变角色，变成一个向导，引着孩子去看人生的风景。

有些父母很乐意做孩子的"拐杖"，时刻准备着让孩子依靠、倚重。如果父母做了"拐杖"，孩子却不愿独立行走了，这是教育的悲剧。所以，好父母不做"拐杖"，只做向导。

桐桐的自主要求越来越多，"自己擦鼻涕"、"自己穿鞋"、"自己开门"……

每次，我都笑着说："来吧，来吧，自己来！"桐桐被满足后，马上就不喊不闹了，乖乖地自己来。

一段时间后，妻子猛然发现，桐桐会的技能不少了。她高兴地说："你看，我现在都可以做闲人了，吃饭不用管，上厕所不用管，穿衣服不用管。"我说："桐桐也高兴啊，等她习惯了，自理就不成问题了。"

当孩子哭喊着"自己来"时，父母别皱眉，更别训斥，要鼓励地微笑。孩子能够自立，是多好的一件事啊。如果父母不让孩子自己来，总想当他的拐杖，孩子要如何长大呢？

打针一点都不可怕

> 儿童的忍耐力是惊人的，只要不吓着孩子，给他一个合适的心理预期，适当地激发孩子的勇气，孩子多半能接受一些似乎很困难的事情，例如打针。

一大清早，妻子就对我说："快点起床。我们吃完早餐，要带桐桐去打预防针。"桐桐两岁半了，已经打过多次预防针了。但是，最近一次，桐桐的打针表现，让妻子有些担心，所以让我也跟着去。

桐桐特别害怕打针。每次她闹情绪不吃饭，妻子只要说："再不吃饭，就带你去打针。"，桐桐就会立马乖乖地吃饭。天冷了，妻子要给她加厚衣服，桐桐总爱说："不要穿衣服，不要。"妻子便说："感冒了，要去打针的。"桐桐听后就乖乖地穿衣服了。这些话，妻子说习惯了。在桐桐上次打预防针的时候，才发现出了问题。

那是两个月前，我和妻子带着桐桐去打预防针。快到医院的时候，她就挣扎着要下来，还大声哭着说："我要回家，这儿要打针，我不打针。"我抱紧她，妻子哄着说："桐桐最乖了。打完针，妈妈给你买好吃的。"她挣扎了半天，发现动不了，又听到给买好吃的，哭声才渐渐小下去。之后打针时，桐桐也很不配合，吓得我们出了一身的冷汗。

有了那次的经历后，妻子变得谨慎起来。自从上次回家，两个月来，她都没再用"带你去打针"来吓唬桐桐。我也为此积极地出谋划策，让妻子陪着桐桐往医生看病打针的小游戏，想通过这个游戏，告诉桐桐：打针只是有一点点疼。勇敢的小朋友从不害怕打针，只有怯弱的小朋友才害怕打针。

玩过几次打针的小游戏后，桐桐不再排斥打针了。很快，桐桐就要满三岁了。我知道三岁左右是培养孩子不怕打针的关键期。如果这个关键期没有把握好，孩子再大一点，恐惧感一旦形成，就很难纠正了。

吃过早餐后，我和妻子带着她要出门，桐桐问："去哪里呀？"我回答："你要去打预防针。"桐桐说："哦，我知道了。"看到桐桐这个反应，我暗自高兴：看来，这几个月的引导工作做得很有成效。

进到医务室，桐桐看到很多小朋友。她好奇地问："他们是不是也要打针？"我马上说："是啊，他们都和你一样来打预防针。"桐桐问："他们怕疼吗？"我愣了一会儿，不知道要怎么回答，就指着旁边的一个小姑娘说："你去问问那位姐姐，就知道答案了。"

桐桐在我的引导下，走到那位小姑娘身边，说："姐姐，你怕打针吗？打针时疼吗？"小姑娘笑着说："妹妹，我不怕打针。打针只是有一点点疼而已，就好像被小虫子咬了一口，马上就不疼了。"桐桐相信了那位小姑娘的话，表情变得很轻松。我也长长地舒了一口气，多亏了小姑娘的帮忙，让桐桐心里不再着急。

桐桐还小，虽然心里有点害怕，但是她的注意力马上就移到别的东西上去了。她环视了一周，最后跑去观察室内摆着的两盆花了。

等待的过程中，有个小男孩因为过于恐惧，看到医生拿着针头，就哭起来，死活不肯打针。后来，她妈妈抱紧他，针扎上去时，他的脸都扭曲了，尖声哭喊着。

看到这个场景，桐桐不安地躲在了我身后。我马上蹲下来，对桐桐说："打针是有点疼，但一会儿就过去了。小哥哥是有些害怕，桐桐那么勇敢，肯定不会害怕的。"

轮到桐桐时，我说："你要相信那位小姐姐的话，打针只是有一点点疼而已，就好像是虫子咬了似的。"

我把桐桐抱在腿上，医生要扎针时，我看到她很紧张，浑身肌肉都绷得紧紧的，但是没有哭。医生推药水时，桐桐"哇"地一声哭了。这时，药水也已经推完，医生把针拔了出来。

桐桐忍住了哭声，回头跟我说："小姐姐说的是对的，打针只是有一点点疼。"说完，就不哭了。我马上夸奖她："桐桐是最勇敢的小朋友。"我帮她穿好衣服，走出了医院，她立马就把刚才的事情忘记了。

妻子笑笑："没想到今天打针这么顺利，早知道我就不那么担心了。"我说："你以后可别再拿'打针'吓唬她，省得又让她产生了恐惧感。"妻子点点头。她吃过一次苦头后，也觉得那样吓唬桐桐的做法是不好的。

慢慢地，桐桐从怕打针的阴影中走了出来。这之后，她打预防针都很配合。

打针是孩子必须要承受的一种痛苦。父母不能夸大这种疼痛感，也不能缩小这种疼痛感，把实际情况告诉孩子，更能让孩子变得勇敢起来。

后来有一次，桐桐因急性肺炎住院。她的手上扎满针孔后，医生建议扎头上的血管。妻子听了，很心疼，也很紧张。相反地，桐桐却表现得非常镇定。医生连续扎了三针才找准血管，桐桐硬是一声都没吭。她的表现，让医生多次夸她是个坚强、勇敢的小姑娘。

我发现，父母适当地激发孩子的勇气，孩子会表现出惊人的忍耐力。只要不吓着孩子，给孩子一个适当的心理预期，孩子就多半会接受一些看似很困难的事情。

自如地滑行

父母要教会孩子去面对和战胜挫折，而不是逃避和退缩。逃避不能解决任何问题，只有面对问题，问题才有可能解决。

桐桐三岁了，看到许多哥哥姐姐滑旱冰，她十分羡慕，嚷着："我也要学旱冰，快给我买鞋。"对此，奶奶强烈反对，说："宝贝，那破玩意儿可不能学。滑旱冰会经常摔跤的，要是把桐桐摔坏了，怎么办？"

奶奶经常听街坊邻居说，谁家的孩子滑冰把腿给摔断了，谁家的孩子又把头给磕破了。其实，这种事情按比例算并不是很多，只是大家喜欢谈论，感觉就多了。妻子也很犹豫，像桐桐这个年纪，也有人玩旱冰，但是，那毕竟是极少数。

可是，桐桐硬是要学旱冰。最后，在她的软磨硬泡下，我给她买了一双质量好的旱冰鞋；为了安全，还给她买了护膝和头盔。就这样，桐桐开始跟着大家学习滑旱冰了。刚开始的几天，我们都是几个人盯着她。桐桐经常摔跤，好在有了护膝和头盔的保护，并没有什么大碍。

一周下来，妻子帮桐桐洗澡时，发现她身上青了好几块。妻子心疼地说："宝贝，疼吗？要不，咱不学溜冰了，好吗？"桐桐说："妈妈，我不疼，还挺得住。我要继续学习溜冰。"听到桐桐这样说，我想：看来，这孩子不是很娇气，能够承受住小的挫折。

桐桐的胆子很大，没出几天，她就能慢慢地滑行了。这个小小的进步，让桐桐很兴奋。我也替她高兴，因为整个广场上，像她这么小的旱冰手几乎没有。奶奶看到桐桐滑得越来越自如，也就放心了。

过了几天，桐桐就变成一个熟手了，我们也不用陪着她去了。每天，桐桐都是自己下楼，我们顶多只会提醒一句，让她小心点。广场离家不远，我站在阳台上，都能清晰地看到广场上的场景。

有时，我面对电脑时间太长了，就会去阳台上，看一看广场上溜冰的桐桐。只见那个小小的人儿，在自如地滑行，我心里就会涌起一股暖流。

然而，当我们都对桐桐滑旱冰已经很放心的时候，她却出事了。

那天，丁丁来到家里，说："叔叔，快跟我去广场，桐桐受伤了。"我的心一下子悬了起来，穿着拖鞋就和丁丁往广场跑去。

我看到桐桐小脸扭作一团，见了我，痛苦地说："爸爸，我的屁股痛，好痛啊。"一旁有家长说："桐桐刚才跟人撞倒一块了，直接屁股着地，肯定摔得不轻。如果是向前倒，还有护膝和头盔保护，向后倒，就完全失去了重心。"我说："桐桐，没事，我带你上医院检查，坚持一会儿。"

我喊了一辆出租车，到了医院，医生诊断为尾椎及周围组织轻度损伤，说只要细心调理，两个月内就能恢复，但是会很疼。因此，桐桐现在不敢坐，一坐下屁股就疼，睡觉时翻个身子也会喊疼。看到桐桐这样，奶奶心疼极了，天天去市场买排骨回家，给桐桐熬汤补身体。

这样，桐桐的旱冰鞋也被打入了冷宫。有很多次，奶奶都想把旱冰鞋给扔了，说那双鞋子害苦了她的心肝宝贝。但是，被我制止了。

三个月后，桐桐完全康复了。看着广场上那些滑旱冰的人，桐桐的眼神中，有一些羡慕，但也多了一丝犹豫和恐惧。她知道，奶奶和妈妈都不赞成她再溜冰。经过了这件事，她也有些害怕。

俗话说得好，越是会游泳的人，越容易溺水。桐桐也是如此，刚开始学时都没事，后来技术纯熟了，还出事了。撞人这种事，以她的技术，她是能调整路线及时避开的。我觉得，她肯定是过于自信，掉以轻心，所以才跟人撞上的。

又过了一个月，我选择了一个天气明朗的午后，拉着桐桐，拿着旱冰鞋来到了广场上。我对她说："桐桐，你还敢滑旱冰吗？"桐桐犹豫了一下，但最终还是点了点头。

桐桐穿上旱冰鞋，很小心地滑着，没有了往日那份潇洒。我知道，上次的阴影已经进入了她的心里，她害怕摔倒。

这之后的几天，我都带桐桐去广场滑旱冰。一次又一次的重新面对，使桐桐渐渐地找回了之前的自信。大约一个星期后，桐桐终于走出了失败的阴影，开始潇洒自如地滑行了。

当然，为了让桐桐再次滑旱冰，我也跟妻子和奶奶多次沟通过，并且让她们相信继续让桐桐滑旱冰是正确的决定。

孩子的人生，总会遇到各种各样的烦恼和挫折。面对挫折，父母要教会孩子去面对和战胜，而不是逃避和退缩。逃避不能解决任何问题，只有面对问题，问题才有可能解决。

我想要让桐桐明白：在哪里跌倒，就要在哪里爬起来；曾经跌倒的地方，也是重新站起来的地方。

失败并不可怕，可怕的是躲避和退缩。只有战胜了挫折，孩子才能身心健康地成长。

做家务很快乐

> 有收获，就要有付出。父母要让孩子在享受家庭福利的同时，也要懂得履行家庭的义务。

上周，我参加了一个教育研讨会，会上大家一致认为：现在的父母太溺爱孩子了，什么家务活都不让孩子干。

以前的几代人，因为父母为了生计奔波，很忙碌，所以70后，80后，甚至90后，都会帮父母分担过一些家务。而如今的00后，一出生就有几代人天天宠着，护着，疼着。生活条件更好了，爷爷奶奶们闲在家，妈妈们有的也做了全职太太，那些忙于事业父母的，也会请保姆来照料孩子。父母们把什么都替孩子安排好了，也不忍心让孩子做家务。

会上，我也挺羞愧的。因为，在我们家，我也没让桐桐干什么家务活。桐桐的自理是早就学会的了，但是家务事都是由妈妈和奶奶来分担，桐桐做的并不多。我们都认为，桐桐只有四岁，太小了。像什么做饭、洗衣、拖地那类活都不是她这个年纪该干的。

回到家里，我开始反思，是不是也要让桐桐做一些家务活，让她养成劳动的观念，不能让她再享受特权。我拿出了一张纸，把以后要让桐桐做的家务写了下来，然后拿给桐桐看。

桐桐接过去，小声地念起来："早餐前后，擦桌子，收碗筷；中午，浇花；晚上，收拾自己的房间。"

以前，这些事情都是妻子和奶奶做的，现在我决定交给桐桐来完成。

奶奶听到后，心疼地说："小孩子，让她干什么活呀。"我说："妈，我这是在让她体验做家务的乐趣，您就别管了。"奶奶虽然心疼桐桐，但也没有再说什么。

桐桐从未承担过家务，所以她露出一副很不情愿的样子。我鼓励说："你怎么不试试看呢？我保证，你会喜欢上做家务的。"桐桐想了一会儿，点了点头。

第一天，桐桐起晚了，妈妈帮她做了擦桌子的工作，但是吃过饭后，碗筷是桐桐收拾的。中午的浇花也做得不错。晚上，她的房间也是她自己收拾的。我看到她表现不错，就给她记了两朵小红花，鼓励桐桐要坚持下去。

每天晚上，我都会检查一下桐桐当天做的家务状况，然后给她相应数目的小红花。有时，她也会有漏掉的时候，但是我从不批评。可是，只要她做了，我就会及时表扬。

半个月后，桐桐得了二十多朵小红花。我突然发现，桐桐已经把做家务养成了一种习惯。每天吃早餐时，她会自觉地擦桌子，收拾碗筷；中午会自觉地浇花；晚上也会自觉地收拾好自己的房间，再也不麻烦妈妈了。后来，擦桌子，收拾碗筷，浇花的事，就由桐桐负责了。而且，她还主动学会了一些养花的知识，这真是我意料之外的收获。

这之后，我总会有意地给她布置一些家务。

有一次，桐桐看见我擦皮鞋，她对此产生了兴趣，让我教她。我就找来了几双皮鞋，认真地教她。这期间，她擦废了两双鞋。后来，她学会了，大家都把擦鞋的活儿交给她，每次她都擦得很卖力。

一段时间后，桐桐能干多了。很多家务活她都会做，并且还做得不错。而且，桐桐还会主动收拾垃圾、扔垃圾，还会帮妈妈收晒干的衣服。奶奶也习惯了，时常吩咐："桐桐，把桌子擦干净，要吃饭啦。"桐桐马上就会去擦桌子。

桐桐参与家务后，我惊喜地发现，桐桐没有以前那么任性了。吃饭时，她不会一个人把好吃的全占了，而是平均地分给大家。今后，桐桐除了享受外，还要承担起种种责任，尽自己的义务。

有收获，就要有付出。父母要让孩子在享受家庭福利的同时，也要懂得履行家庭的义务。

再睡一会儿

父母要保护好自己的孩子，但是不能包庇和纵容孩子。一旦孩子犯了错，父母就去帮孩子承担后果，这样做反而会阻碍孩子的成长。

最近一段时间，桐桐很爱睡懒觉。每天早晨闹钟响，桐桐就关了闹钟继续睡，也不起床。妻子怕她上学迟到，进房间喊她起床，桐桐还一脸的不乐意，大声说："让我再睡一会儿吧。"

有几次，因为睡懒觉的缘故，桐桐上学迟到了。妻子把桐桐送到幼儿园时，怕老师责骂桐桐，就说是自己起晚了，所以桐桐才会来迟到。听到妻子这样说，老师也没有责怪桐桐。结果，桐桐因为有妈妈做"保护伞"越发地爱睡懒觉，更加不愿意起床了。为此，妻子十分担忧。

我说："要想让桐桐上学不迟到，学会守规矩，你就不能再替桐桐掩饰错误。"妻子焦急地说："那我要怎么办呢？"我说："你不能再包庇她的错误，让她依赖你，你要让她接受惩罚。"

第二天，妻子克制住自己，不去管桐桐，让她继续睡。就这样，桐桐多睡了二十分钟。她看到妈妈没有喊她，变得很着急，便自己爬了起来。桐桐看了看钟表，已经迟到二十分钟了。她着急地哭起来，说："我今天不去上学了，现在才去，太丢人了。"妻子说："你今天不去也行，只是明天，你要自己跟老师解释，我不管。""妈妈，你不帮我了吗？"桐桐哭着问。妻子坚决地说："你自己的事，自己解决。"桐桐见妈妈不帮忙，主动说："妈妈，那你送我去学校吧。"

当桐桐去到学校时，刘老师出来了，问："桐桐，今天你怎么来得这么晚？"桐桐的脸一下子就红了，低着头说："老师，我起晚了。"刘老师说："进去吧，这次就算了，下次不许迟到了，知道吗？"桐桐使劲地点了点头，垂头丧气地走进教室。

妻子看到桐桐难受的样子，也很痛心。但是，妻子还是忍住没帮桐桐说一句话，让桐桐独自去承担后果。

妻子送完桐桐回到家后，就问我："我这个当妈的是不是很不称职呀？独自让桐桐去承担，是不是有些残忍？"我说："你不必责怪自己，替她掩饰错误本来就不是你分内的事。"

当天晚上，桐桐回家后没有闹情绪，也没有责怪妈妈早上没帮她说好话。

第二天，闹钟响了，桐桐立马就起床洗漱，吃早餐。看到桐桐没有赖床，妻子很高兴。送桐桐去学校的路上，妻子也没有提前一天的事。

这之后，桐桐上学再也没有迟到过，因为每次闹钟一响，她就起床了。妈妈很欣慰，觉得桐桐经过那次惩罚后，迅速地长大了。

父母要保护好自己的孩子，但是不能包庇和纵容孩子。一旦孩子犯错了，父母就去帮孩子承担后果，这样做反而会阻碍了孩子的成长。

如果父母经常帮助孩子辩解错误，那么孩子就容易滋生依赖父母收拾烂摊子的惰性。以后，他遇到什么事情，也不会主动去承担责任。孩子总有一天是要独立的，父母也不可能保护孩子一辈子。这类孩子走入社会迟早是会受苦的，还容易出现心理素质的缺陷，变得自私、依赖性强，性格软弱等。

妻子没有帮桐桐说话，让桐桐吃了一点苦头，桐桐马上成长了。由此可见，不要再溺爱和纵容孩子，孩子会变得更优秀。

我要自己吹头发

孩子的动手能力就是在一次次尝试中慢慢提升的。如果没有第一次勇敢的尝试，怎么能有后续的进步？

星期六到了，天气格外地晴朗，没有一丝的风。几天来的连绵细雨，把大家都憋坏了，尤其是桐桐憋得早就想出门溜达了。一大早，她就说要洗头。

早餐吃完后，妻子把水也烧热了，就喊桐桐过来洗头发。桐桐高兴地跑过来，嘴里还哼着歌。

桐桐是个很爱干净的孩子，像刷牙、洗脸、洗澡、洗头这样的事情，她都很乐意做。时间一久，她已经养成了良好的卫生习惯。只要该干什么的时间一超过，她就会十分不自在。

这次，桐桐在下雨时，忘记添衣服而感冒了。经过打针、吃药，身体已经慢慢地恢复了。桐桐一直嚷着头痒，要洗头，妈妈只说："等你感冒好了，天气变暖就给你洗。"

因此，桐桐一看到明媚的阳光，心情也变好了许多。妻子小心地帮她清洗，桐桐的头发很黑，就像一块黑色的绸缎在水池里漂着。桐桐很享受这种感觉，乖乖地听从妈妈发出的命令："眼睛闭上"、"按住毛巾"等，桐桐都做得很好。洗好后，妈妈拿毛巾帮她包好了头，顺口说了句："桐桐爸，你来帮桐桐吹头发吧。我也要洗头发了。"

以前，给桐桐吹头发的事，是由妻子做的。今天，她因为急着洗完头要出门办事，所以就把这个任务交给我。我其实不太会做这件事。我的头发很短，所以我给自己吹时，都是很随意地吹。可是，桐桐的头发很长，我真担心自己做不好。

桐桐倒是很镇定，一副很相信我的样子，还大声说："爸爸，我们去阳台吧，到那里去吹头发。"我只好回答："你先上去，我拿了吹风机就上来。"

我来到阳台，桐桐已经乖乖地在椅子上坐好了。我把她头上的毛巾取下来，打开吹风机开关就开始吹起来。桐桐见状，马上说："爸爸，你得先帮我梳一下，才能吹。不然头发会变乱。"

我放下吹风机，拿起梳子帮她梳头。还没梳两下呢，桐桐就大声地喊着："爸爸，好疼。梳的时候，你要用手按住我的头发。"我赶紧纠正过来，小心地按住头发梳着，速度很慢。

两分钟后，桐桐不耐烦地站起来，瞥了我一眼说："爸爸，还是我自己梳吧。你太慢了，我的感冒都要加重了。"我有些内疚，把梳子递给桐桐。桐桐果然梳得比我快，三两下就把头发梳好了。

接下来，要开始吹头发了，我依然笨手笨脚的，桐桐又来了一句："我想学吹头发。"妻子在洗手间听到了，马上说："桐桐太小了，不能自己吹，还是让爸爸来帮你吹吧。"妻子说的也对，但我看到桐桐饶有兴趣的样子，就说："让她自己吹也行，我在旁边看着呢。"

桐桐马上高兴地接过了吹风机，开始学妈妈的样子，在头上一边吹一边抓。桐桐毕竟才有五岁，吹头发的动作还不是很协调，不一会儿就缠住头发了。我赶紧拔出插头，帮她把头发解开。我低声说："不要用背面对着头发吹。"桐桐很懂事，知道我是怕妈妈听见了。因此，她也压低声音跟我交流。

很快，桐桐便掌握了吹风机的使用技巧，马上就把前面和两边的头发吹干了。可是，她后脑勺那一块的头发就总是吹不到。因为她力气太小了，吹风机又沉，使不上力。我看到后就说："后面这一块就交给爸爸来吹吧。"

桐桐知道自己已经尽力了，还是够不到。所以，她就顺从地把吹风机递给我，我马上就帮她吹干了。

妻子洗完头出来，桐桐的头发已经吹干了。桐桐笑着说："妈妈，我学会吹头发了。你看看，这是我自己吹的。"

妻子说："就你爸爸胆子最大。这吹风机是大人用的东西，小孩子能用吗？万一出什么事了，要怎么办？"

我马上说："做什么都会有第一次的。她早一天学会，不是更好吗？"

妻子瞪了我一眼，说："刚才没事吧？有没有缠住头发？"

我急忙回答："你看看桐桐的头发，又黑又直的，哪儿有什么问题？"

桐桐听了，在一旁偷偷地笑，知道我这么说是在帮她。妻子看了一眼桐桐的头发，的确如此，也就没有说什么。

在让孩子自立自理方面，我一直对桐桐很宽松。只要她喜欢，我都会陪她去尝试。很多大人的用具，她照样能用得有模有样，令很多人都赞不绝口。

孩子的动手能力就是在这样的一次次尝试中，慢慢提升的。如果没有第一次勇敢的尝试，怎么能有后续的进步？

其实，保护孩子最好的方法，就是让她早日纯熟地掌握各种自理技能。像用水、用电，看上去很危险，但是当她学会了，就能像大人一样来保护自己了。

当然，父母也要根据孩子的年龄，选择适当的尝试种类。如果你让两岁的孩子去学习关煤气，就是不行的。

不管让孩子尝试什么，你都要确保孩子是在安全的前提下进行的。当你确保了安全，就让孩子积极地尝试，早日掌握自理的能力吧。

勇敢地试一试

桐桐在一次又一次小挫折的磨练下，变得不再退缩，不再害怕困难，敢于大胆地尝试，也学会了保护自己。对此，我感到很欣慰。

周末到了，全家人决定出去游玩。桐桐很高兴，这几天上学，早把她给憋坏了。

时值暮春，放眼望去，山间田野都是绿油油，一派生机盎然的景象。我看见田沟边有嫩嫩的蔷薇条，就对桐桐说："这个东西，是可以吃的。"

桐桐高兴地说："那我能吃吗？"

我说："能。不过你要小心点，它的刺很扎人的。"

桐桐点了点头，便弯腰从蔷薇刺中摘嫩条。她刚把手伸进去，手指就被刺划破了。桐桐看见手流血了，"哇"的一声哭了。我急忙赶过去，用干净的布把她的手指包起来，说："别哭了，一会儿就不疼了。爸爸小时候也经常被扎到手，但是爸爸很坚强，没有哭。桐桐也不哭了，好吗？"

桐桐立马止住了哭声，说："爸爸，我不哭了，我还想吃，你帮我摘一根吧。"

我说："桐桐还是自己来完成这件事吧，不用爸爸帮忙。你只要小心点，很轻易就能摘到了。"

桐桐只好将受伤的手再次伸进了蔷薇丛。当有刺刮住她时，她也不再慌张，小心地倒退。最后，桐桐很顺利地摘到了一根。

　　我每一次带桐桐去郊外玩，总会有一些类似的冒险经历，而我总是鼓励桐桐自己去克服它。虽然是小困难，但是想要克服它，也需要坚定的意志和不折不挠的精神。这些品质，正是面对挫折时应该有的态度。

　　一次在野外，我们要跨过一条大沟。妻子、奶奶都跨过去了，桐桐站在沟前，不敢往前迈步，她很害怕，看着我说："爸爸，抱我过去吧。我不敢跨。"

　　奶奶也说："你把桐桐抱过来吧，摔倒了就不好了。"

　　我看着桐桐说："爸爸想让你自己过去，试一试，好不好？"

　　桐桐听了，鼓起勇气，走到沟前，用力一跳，跃了过去。

　　我赶紧夸赞："桐桐，你真棒。"

　　奶奶说："桐桐，幸亏你安全地跃过来了，奶奶心里可着急了，真怕你掉下去。"

　　妻子附和："我也为桐桐捏了一把冷汗，就你们父女俩的胆子大。"

　　我笑笑："胆子大多好啊，就怕胆子太小，遇到困难就退缩。"

　　桐桐遇到了困难，我不会立马帮她解决，而是为她打气，鼓励她自己解决，大胆地尝试。

　　当然了，我俩也有失足的时候。有一次去爬山，有一处地势有些陡，我毕竟是大人，很轻松地就爬上去了。桐桐看见了，也想要尝试，我就答应了。我爬上去后在上面等她，她攀着树枝往上爬。然而，她由于力气太小，一不小心滚了下去。我看到后吓坏了，急忙冲下去抓她。幸亏我反应及时，抓住了桐桐。但是，桐桐的脸被树枝蹭破了一块，还啃了一嘴泥。桐桐也被吓到了，一边哭一边用拳头捶我胸口。

　　这次事后，我发现，冒险也是要根据自身的实际情况量力而行的，特别是小孩。当然，桐桐也长了经验，她知道哪些事情是她做不了的，也就不会逞强硬要去做了。

　　桐桐受伤了，我很心疼。但是，只有当孩子撞破额头的时候，她才能真实地感到墙是硬的。真实的体验胜于说教，来得更加深刻一些，也能让孩子从中快速成长。我想给桐桐的体验，就是对这类挫折的体验。

虽然桐桐因此失败过，但是她并没有退缩，反而变得更加勇敢了。很多新东西，她都乐意去尝试，如果一次失败了，她会接着尝试第二次、第三次，直到成功。

面对有一些事情，桐桐也学会了判断事情的危险性和做成功的概率，如果她觉得自己无法完成，她就会果断地选择放弃。桐桐在一次又一次小挫折的磨练下，变得不再退缩，不再害怕困难，敢于大胆地尝试，也学会了保护自己。对此，我感到很欣慰。

我要打耳洞

孩子的性格在形成期，很容易受到周围的人和事的影响。父母不仅要关注孩子的成长，还要关注他和什么样的群体交往，帮助他远离坏的影响，而好的群体带来的积极影响往往比父母直接的教育更有效。

跟一位女士聊天，她说："我女儿才上幼儿园，就要让我带她去打耳洞。现在，她变得越来越爱美了，这时怎么回事？"

我很惊讶，问："那你同意带她去打耳洞吗？"

女士笑笑："我肯定不同意，但是她很想打。问她原因，她竟然说是想向同学炫耀。"

我笑了，说："你女儿平时很爱表现吧？原来是炫耀心理在作怪。"

女士说："是呀，买衣服总要买贵的，每天去上学都要我给她梳公主发型。"

我说："那你会依着她吗？"

女士说："我是希望她好好学习，把心思都用在学习上，所以我心里是很抵触这些东西的。但是经她一闹腾，我也同意了。"

我问："那她这次要打耳洞，怎么办？"

女士说："我正在犹豫，不过，她奶奶倒是很赞同，说自己打耳洞时年龄也小，现在也没什么事。哎，难呀。"

听着她叹息，我知道，她是遇上难题了。孩子喜欢炫耀，老人护着，刚开始只是小事，但渐渐地小疏忽也会变成大麻烦。

在人际交往中，炫耀是一种负面的心理特征，目的是满足自己的虚荣心。群体交往中，大多数人都不喜欢和爱炫耀的人交谈。如此一来，孩子就交不到什么朋友，必定陷于孤独。

我问："女儿经常和谁在一起玩？"

女士想了想："有几个，都是她攀比的对象。女儿得到了什么好东西，都会拿去向他们炫耀，但是她们之间经常发生争吵。"

我说："她交了这样的朋友，想要改掉炫耀的习惯，是很困难的。如果你想改变她，让她从交朋友入手，改变一下交往的对象。"

女士说："这个，好像很难做到吧？"

我说："这种朋友是因为攀比聚在一起的，只要不攀比，聚在一起就没有什么意义。你要多鼓励她跟那些不攀比的小朋友交往。一旦她进入了不攀比的那个群体，就更容易纠正攀比的坏习惯。"

女士点点头："这个主意不错。如果她身边的朋友都说打耳洞不好，那么她肯定不会想去打耳洞的。"

孩子的性格在形成期，很容易受到周围的人和事的影响。父母不仅要关注孩子的成长，还要关注他和什么样的群体交往，帮助他远离坏的影响，而好的群体带来的积极影响往往比父母直接的教育更有效。

女士说："我邻居的女儿小红，就是一个不喜欢炫耀、也不会乱花钱的孩子。女儿跟她的关系一直很淡，我应该要好好地撮合她俩一下，让女儿和小红成为好朋友。"

我点点头，说："这个方法不错，可以试试。"

回到家，我看到正在写作业的桐桐，突然想起了上午的女士，就说："桐桐，你们班上有爱炫耀的同学吗？"

桐桐抬头说："有啊，小雪总是穿新衣服，向我们炫耀。小琴涂了指甲油，也爱向我们炫耀。小雪和小琴经常在一起玩，但也经常吵架。"

我问她："那你喜欢和小雪她们玩在一起吗？"

桐桐说："我和他们不是一起的。她俩爱炫耀，我不喜欢，所以我不和她们玩，只和小米玩。"

我又接着问："那你和小米玩什么呢？"

桐桐说："我和小米什么都玩，小米爱做玩具，我们经常商量怎么做。我和她一起做了很多玩具，送给其他小朋友，他们收到玩具很开心，都爱跟我们玩。"

听到这里，我也放心了。到目前为止，桐桐还没有爱炫耀这个坏毛病，和桐桐交往的群体，也是一群朴实、不爱炫耀的孩子。

孩子的思想都很单纯，简单的游戏就能让他们开心，玩的心思才是放在第一位的。孩子开始攀比，喜欢炫耀，这不是孩子的本意，只是他们染上了成人化的东西。要想纠正它，也比纠正成人容易多了。

倘若你的孩子遇到这样的问题，不妨试着让孩子改变他的交往群体，让群体的力量来影响孩子。

我不喜欢爸爸，也不喜欢妈妈

丁丁有了父母的"专机"，自己用脚走路的次数就少了。可是，未来的人生，还得靠丁丁自己走。如果道路上遇到了艰难险阻，丁丁敢一个人去面对吗？丁丁能够迅速地适应这个社会吗？

有一天，我去市场买菜，回来的路上看到丁丁的爸爸小赵。我上前跟他打招呼，看到他一脸的怒气，便问："谁惹你生气了？"

小赵说："我要去学校找刘老师理论。"

我疑惑地问："刘老师打你家丁丁了？"

小赵一字一句地说："今天丁丁在幼儿园被打了，刘老师却没有惩罚那个打人的孩子！"

我急忙问："丁丁受伤了吗？"

小赵说："丁丁倒没有受伤，但是那孩子竟然打了丁丁的脸。"

说完后，小赵怒气冲冲地走了。我想：孩子之间出现点小碰撞、小摩擦，是很正常的事情。可是，许多过度疼爱孩子的父母，却忍受不了孩子"被欺负"。

刘老师也经常跟我说，有些家长常常因为一些疑点小事，就会来找她理论，她一般都是坚守公平的原则来处理这类纠纷的。但是，很多家长不满意，要求严格惩罚对方的小孩，其实他自己的孩子也有错误。我只能安慰她，这是那些父母太爱自己的孩子了。

这之后，我在小区里碰到丁丁。我问他："你觉得你爸爸怎么样？他很爱你呀。"

丁丁说："爸爸对我太严厉了，还经常打我，他才不爱我呢。"

我说："上次你被同学欺负了，他还帮你找老师'理论'，帮你出气，多好的爸爸呀。"

丁丁笑着说："爸爸做得很棒，我觉得特别有面子。"

丁丁家的情况，我了解得很清楚。小赵对丁丁保护得很好，但对丁丁的要求也高。在吃饭和穿衣上，丁丁想要什么，小赵都会满足他。

在学习上，小赵对丁丁看管得很严。只要他发现丁丁不认真学习，或是贪玩，马上就会呵斥丁丁，有时还会打丁丁一顿。因此，丁丁很害怕小赵。丁丁的作业，也是每天都有人陪做，不准有任何错误。

丁丁刚上幼儿园时，经常拖着一根长鞋带，每次都是刘老师帮他系的。丁丁的生活自理能力很差，妈妈太宠爱他，什么事都不让他做。

小赵夫妻就丁丁一个独生子，他们对他的期望很高。可是，丁丁不喜欢爸爸，也不喜欢妈妈，总是跟爸妈争吵。

暑假到了，小赵就给丁丁报了很多培训班，让妈妈陪着他去上课。回到家，妈妈还会纠正他在培训中的错误，加强他的记忆。可是，尽管有妈妈的陪读、陪学，丁丁做作业却变得越来越慢。起初，妈妈以为是老师留的作业太多了，打电话去询问，老师说并没有增加作业量。

妈妈听后，认为丁丁是在"磨洋工"，一气之下，打骂了丁丁一顿。丁丁哭着打开门就跑，还说："我再也不回这个家了。"

那一次，丁丁跑下来时，正好和我撞了个满怀。我低头看了一眼丁丁，他满脸泪痕，哭得很伤心。丁丁妈追了过来，跟我简短地解释了情况，就跑着去追丁丁。

我突然想起一个名词——"直升机父母"，说的是有些父母，总是在孩子的四周盘旋，保持着高度的警惕，孩子一有需要，他们就立马出手相救。小赵夫妻俩，就是这样对待丁丁的。

在父母的过分保护中，孩子会失去自由成长的空间。丁丁说他不喜欢父母，不幸福，这话也许是真的。

每次，丁丁在幼儿园被"欺负"的原由，都是同学笑他太笨。例如，丁丁不会自己叠衣服，甚至不会系鞋带。丁丁也是个好面子、冲动的孩子，只要有人嘲笑他，他就不管三七二十一地去上前跟人打一架。事情过后，小赵又会替丁丁出气，教训那个嘲笑他的同学。

丁丁有了父母的"专机"，自己用脚走路的次数就少了。可是，未来的人生，还得靠丁丁自己走。如果道路上遇到了艰难险阻，丁丁敢一个人去面对吗？丁丁能够迅速地适应这个社会吗？

我想，这些是丁丁父母没有想到的。

想让孩子快速成长，我们可以做个"笨爸妈"。我们笨一点，少替孩子承担点，孩子就得多动脑，多承担一些。我们往后退一步，孩子就能勇敢地向前迈进。我想，这样的爱，才是父母真正的爱，才能更快地让孩子成长。

不听话，爸爸会生气的

听话的孩子未必是好孩子，不听话的孩子也未必不是好孩子。父
母要少用"听话"、"乖"这类字眼，不要在无意间给孩子传达出这
样的理念：听话的孩子，才是好孩子。

暑假到了，我和奶奶决定带着桐桐到我妹妹家住上几天，让桐桐好好地
玩一玩。桐桐一听说要到姑妈家去，乐得哼着小曲儿。姑妈住在乡下，家里有
一大片果园，里面全是西瓜。桐桐早就想去果园里看看了。

到姑妈家的第二天，太阳还没出来，桐桐就起床了。吃完早餐后，大家
都去果园摘西瓜了。

桐桐很开心，她既想帮忙摘西瓜，还想帮忙把西瓜运走。她就这么跑来
跑去的，一个不小心，摔了一跤。奶奶看见了，赶紧跑过去扶起桐桐，说：
"乖宝宝，摔疼了吗？来旁边歇着吧，别跟着忙活了。"

桐桐说："不疼。我要帮忙摘西瓜，也要运西瓜。奶奶，你看，我能干
活了。"

表姐也说："桐桐听话，表姐带你去树下乘凉吧。"

桐桐说："我不做乖孩子，我就是要不听话。'听话'是哄小孩的，你
骗我。"

大家听到她这么说，都笑着说："这孩子，牙尖嘴利的啊。"表姐没有
办法，只能任由桐桐瞎忙活了。我看见桐桐在田里窜来窜去，一副自得其乐的

样子，也笑了。

我帮忙运瓜时，姐姐小声对我说："你帮我劝劝芳芳吧。她文科成绩是最棒的，也很爱学文科。可是，她爸非让她学理科，说理科好找工作，芳芳居然同意了。"

姐夫的脾气很暴躁，芳芳平时最怕他，他说什么，芳芳就会去做什么，从不敢反驳。但是，学习毕竟是孩子自己的事，还是应该由孩子来做主，我就答应了姐姐的请求。

我和芳芳聊天，她说："我其实一点也不喜欢理科，特别是物理，我一看见就头疼，可是，爸爸要让我学理科，我也没有办法。"

我说："既然你不喜欢理科，为什么要答应爸爸呢？"

芳芳小声地说："爸爸说学理科好，同学也这么认为，我想还是随大流吧。"

我使劲地摇了摇头："芳芳，你不应该跟随别人，而是要选择你内心里真正想要学习的科目。否则，事后你会后悔的。"

芳芳说："其实，我挺喜欢文科的，特别爱历史。"

我说："那你就应该坚持自我，选择文科。你不应该盲目地听从别人的建议，而是要变得有主见。"

芳芳叹气说："我选择文科，爸爸会生气的。"

我说："听话可以让爸爸少操心，但舅舅想说的是，别做没有主见、一味'听话'的孩子。你长大了，只有坚持自我，不盲从别人，你的内心才会是快乐的。"

芳芳已经上高中了，我经常和她在网上像朋友一样聊天。她很聪明，马上也领悟了其中的利弊。

最后，她说："舅舅，我决定坚持自己的想法，学习文科，做回不'听话'的孩子。"

后来，我也给姐夫挂去电话，做了他的思想工作，他最终也答应让芳芳学文科。

父母都是爱自己孩子的，并不会存在绝对的专制。如果孩子坚持住自己的想法，不动摇，父母大多会妥协的。

听话的孩子未必是好孩子，不听话的孩子也未必不是好孩子。父母不要少用"听话"、"乖"这类字眼，不要在无意识间给孩子传达出这样的理念：听话的孩子，才是好孩子。

一个乖巧、听话的孩子，是会让父母少操很多心。但是，如果他做事没有主见，总是模仿或顺从别人，并不是一种健康的个性特征。

我就不想上培训班

> 喜欢自由，讨厌束缚是孩子的天性。给孩子一个自由的空间，它就像是空气一样，是孩子健康成长的需要。如果你把一切都设定好了，孩子就会没有自主性，逐渐失去自我。

饭后，我躺在沙发上看报纸。妻子过来，说："我们要不要给桐桐报培训班啊？"

我说："你想让桐桐学习什么呢？"

妻子说："我感觉学什么都可以，现在培训班很多。我们同事的小孩，大多数都报培训班了。"

我说："那你问问桐桐，看看她想报吗？"

妻子找到桐桐，给桐桐讲了一大堆上培训班的事，听得桐桐一愣一愣的。

桐桐问："妈妈，上培训班好玩吗？"

妻子说："肯定好玩啦，有那么多小朋友一起学习。而且，你还能学到一些技能。"

桐桐听到妻子说好玩，便立马说："那妈妈给我报培训班吧。"

妻子看桐桐答应了，便高兴地去张罗，不到几天，一张培训表出来了：星期六 8:00-9:00，学习心算；9:30-10:30，学习健美操；13:00-14:00，学习外语口语；15:00-16:00，学习绘画。星期天上午练古筝，下午学习外语口语和绘画。

我看了看这张培训表，心想：如今能培训的还真不少。桐桐看到培训表，也很高兴，按照妻子的设想，不用半年，桐桐就能多掌握四项技能了。我看桐桐很感兴趣，就没有反对。

刚上培训班，桐桐每次都是兴高采烈地回家，还饶有兴致地跟我们讲各种新奇事。别说桐桐了，这些东西，我很多都不知道，也会感到新奇。

一个半月后，桐桐对上培训班没了兴趣。一到周末，她就变得很焦虑，心情很不好。我也发觉了桐桐的情绪不对，便问："怎么了？"桐桐说："爸爸，我很久没有去小广场找妞妞和丁丁玩了，我很想他们。"我说："他们也挺想你，前几天丁丁还问起你呢。"

桐桐的课程排得满，周末还得早起，桐桐心里很不满。她向妻子抗议："妈妈，我累了，不想去上培训班。"妻子说："我可是为你交了学费的，学了技能还不是你自己的，别人能拿走吗？你也不小了，不能一天的想着玩。"

当时，妻子有事情要处理，就让我送桐桐去上培训班。路上，我看见桐桐一脸的忧愁，就决定让她休息一天。所以，那一天，桐桐没有去上课。晚上，妻子回到家，听说了这件事后，特别地生气。

第二天，妻子把桐桐从床上拖了起来，强行送到培训班。桐桐极不情愿地跟着妻子出了门。这次课上完后，桐桐便死活也不肯去了。她哭着说："我不想去上课，老师很凶，总是批评我，那儿一点也不好玩，我讨厌那个地方。"妻子软硬兼施，都奈何不了桐桐。看到妻子拿桐桐没辙了，我暗自松了一口气。

第二天，桐桐终于可以美美地睡一觉，她自由了。我走进桐桐的房间，问她："桐桐，你今天打算做什么？"桐桐说："我昨晚就想好了，我要去玩滑板。我都好久没玩滑板了，快憋坏我了。"我又问："玩滑板之后呢？"桐桐笑笑："我就只想玩滑板，别的没有了。"

桐桐的培训计划必定会失败，这也是我早就预料到的。其实，很多家长都一样，怀着希望带孩子去上培训班，却带着失望结束。

喜欢自由，讨厌束缚是孩子的天性。孩子们所做的一切活动，都源自于他们的兴趣。如果你执意想要改变孩子，只会好心办坏事。给孩子一个自由的空间，它就像是空气一样，是孩子健康成长的需要。如果你把一切都设定好了，孩子就会没有自主性，逐渐失去自我。

桐桐玩了一天滑板回家后，心情特别好。吃完晚饭，桐桐还要我给她讲故事，我高兴地答应了。故事讲到一半，桐桐说："有一个很可怜的小姑娘，她周末也要去上课，没有时间玩。原因是妈妈想让她多学技能，给她报了很多的培训班……"我笑着说："你是在说自己吗？"桐桐调皮地说："我在讲故事呢，爸爸要认真听。"

我笑了，桐桐又恢复了自由。

给孩子一个自由的空间，孩子才能独立地思考，也才能激发出孩子的想象力和创造力，让孩子早日自立。自由的空间，能给孩子一个快乐的童年。

乱七八糟的玻璃柜

> 我知道，她的这份自信，也有玻璃柜的功劳。玻璃柜收藏着桐桐
> 曾经的收获，那是桐桐的骄傲和自豪，是让桐桐重拾信心的地方。

桐桐与我们分房睡后，她有了自己的书桌、衣柜及一些小家具，其中有一个玻璃柜，是我专门为她买的。

当时，桐桐问我："爸爸，它这么大，我要放些什么呢？"

我说："放你觉得珍贵的东西，你不舍得扔，想留做纪念的东西。"

桐桐说："爸爸，我没有。"

我说："宝贝，你慢慢地长大，就会慢慢拥有的。也许，有一天，它都要装不下了呢！"

桐桐生日时，我们送了她一个漂亮的玩偶。桐桐很珍惜，把它放进了柜子。因为桐桐常常拿出来玩，不久玩偶就玩旧了，也不漂亮了。最终，玩偶没有住进玻璃柜。

后来，桐桐的一位朋友，叫小米，是一个喜欢捏陶的孩子。她在桐桐生日时，给桐桐做了一个陶杯。桐桐很珍惜它，把它放进了玻璃柜，一直到现在，它都还在里面呢。

慢慢地，玻璃柜里的东西多起来了。桐桐放进了心爱的娃娃或书，放进了她辛苦做好的手工品。后来，桐桐学古筝了，还一次次在比赛中获得奖杯，奖杯也住进去了。

我时常看到，桐桐一个人在仔细而认真地整理玻璃柜。她拿出一些东西，也放进去一些。当然，也有一旦放进去，就再没拿出来的东西。

有一次，妻子说："你看看桐桐的玻璃柜，都放的是些什么呀，乱七八糟的。"我说："你眼里是一些破烂，桐桐眼里是宝贝。这些都是她的成就，每一件东西都深含着桐桐的感情。"

桐桐一天天长大，她越来越珍爱这个玻璃柜。最后，玻璃柜成了一块禁地，我和妻子都不能随意侵犯，它是完全属于桐桐的。

上小学后，桐桐失去了一些朋友。所谓失去，就是不在同一个学校里了。有一段时间，桐桐一想到这个，就觉得很伤心。我第一次发现，一个小孩子，也要学会面临人生的分离。有一些人，一旦分离了，就难以再融入自己的生命了，就算再次重逢，也早已不是曾经的你我。

桐桐最难过的是，小米要和她分开了。桐桐说："爸爸，我想她了怎么办？"

我说："那就看看她送你的东西。"

桐桐说："我越看越想。"

我说："那就把她放在心里，变成回忆。"

进入新的环境后，桐桐马上又结识了新的朋友，忧伤的情绪慢慢消逝。

多年后的一天，桐桐问我："爸爸，我曾经有一个很好的朋友，她叫小米，你还记得吗？"我点点头，其实我早已经不记得了。

桐桐说："那时候，我们真快乐呀。"桐桐在说这些话时，一脸的微笑。听她叙述后，我才发现，她跟小米分开已经六七年了。

我问她："怎么又想起她了？"

桐桐说："每次我看到玻璃柜里的杯子，都会想起她。所以，我一直没忘记她。"

我说："看来，玻璃柜珍藏了一段友谊啊。"

桐桐说："爸爸你知道吗？每次我心情不好的时候，我就开始整理我的玻璃柜。过去的事情，那些高兴的事情，又全都回来了。我一下子就不难过了，像找回了自己。"

我说："看来，你不仅找回了自己，还找回了自信呀。"

桐桐说："是啊，这些，都是我曾经的收获。它们曾经真实地存在过，是我所拥有的，它们都是我呀。有这么多收获，我为什么不开心呢？"

我看着桐桐，她真的已经长大了。她变成了一个更加独立的人，不属于我，只属于她自己。当然，这份独立中，透着一股子自信。我知道，她的这份自信，也有玻璃柜的功劳。玻璃柜收藏着桐桐曾经的收获，那是桐桐的骄傲和自豪，是让桐桐重拾信心的地方。

孩子应该有一个小角落，放着属于自己的东西。自己收到的礼物，自己的手工，竞争的奖杯，以及心爱的玩具及书籍。孩子看着它们，就能产生成就感，感到骄傲，也有了自信。

7

成长是个『试错』的过程

世界是什么？

我会开碟机了

你不乖，打你！

我只吃了一小颗

是我自己撞的

擦鼻涕

静静地呆着

我不想做自己了

你不是我唯一的朋友

懂礼貌的小孩

当好孩子的『着墨人』

不给孩子金山银山

长不大的『大孩子』

世界是什么？

作为父母，我们应该将真实的世界呈现给孩子，同时还要保护孩子的好奇心，让他们乐于认识世界，更快地了解世界。

在桐桐一岁左右，我去学习用品店买回了一个地球仪。回到家，我指着这个花花的圆球说："桐桐，这叫地球，我们都住在这上面。"

桐桐显然不明白，也不太相信，但她知道，它叫地球。我还转到了中国这一区域，告诉她，这一块儿，有点像只大公鸡的地方，就叫中国。我们都是中国人。

桐桐也是囫囵吞枣，每次我一问"地球在哪里"，她就会跑去抱住地球仪，教了一段时间后，她也能找到中国了。

后来，桐桐大一点了。有一次，她和丁丁在外面玩，两个人在比谁家有什么东西。桐桐突然想到了什么，她对丁丁说："我家里有地球，你没有吧，还有一个中国呢！"丁丁一听傻眼了，他家里的确没有。

听小赵说，那天晚上，丁丁一回家就嚷着："爸爸，我要地球，我要中国。"小赵问他哪儿有，他说桐桐家有，后来过来问我，才知道了是什么东西。

看来，在小孩子眼中，世界就是那一个小小的圆球吧？

桐桐五岁时，问我："爸爸，世界是什么呀？"

我一时也懵了，我对她说："这万事万物都属于世界，人属于，花属于，土地也属于。"

桐桐说："那我扔掉的东西，坏的东西，也属于世界吗？"

我点点头，桐桐马上认定，一切的东西都属于世界，世界实在是太大了。

从小，我就常教桐桐识物，识人，识事。我常带她出去玩，只要看到了新东西、新事物，她都会好奇地问到底，直到弄清楚。当然，桐桐碰上了感兴趣的人，也会用心观察，留意他们的对话。

有一次，桐桐问我："爸爸，太阳为什么会变颜色呀？"

我说："是吗，它有哪几种颜色呀？"

桐桐说："有时候是红色的，有时候是黄色的，有时候是白色的。"

我说："那是地球在转，球面上接受的阳光强度不一样。其实太阳没有变，是我们看它的角度或位置变了，颜色才变了。"

桐桐说："真奇怪呀，我怎么一点都感觉不到，还以为它在变呢！"

我说："我有一本书，里面讲的全是宇宙星球的事，你去看看吧，这样你就明白啦。"

书籍也是认识世界的窗口，只要桐桐感兴趣，我总会向她推荐。书上讲得更规范，也更科学，桐桐想认识世界，也需要这个老朋友呀。

世界是什么，对于一个孩子而言，是神秘而说不清的。孩子一旦认定了世界是什么，这就是他的世界观了。世界观很庞杂，但每一种对世界的认识，都构筑着孩子的世界观。

作为父母，我们应该将真实的世界呈现给孩子。如果我们也不认识，不清楚，就坦言自己不知道，不要给孩子错误的认知。同时，我们还要保护孩子的好奇心，让他们乐于认识世界，更快地了解世界。

我会开碟机了

家长的"政令"必须前后一致，孩子才会明白怎样可以，怎样不可以。朝令夕改只会让孩子失去安全感，也输掉自信。

桐桐爱看碟，我给她买了一些动画片、幼教启智类的片子。每天，我们允许她看半小时。

每次我们放碟片时，她也会好奇地跟着。播放开始后，她会跟着一起又唱又跳。桐桐学儿歌，多数是跟着碟子学的。很多东西，她跟着唱两遍后就能自己唱了。看桐桐很喜欢，我们也很高兴。

有一天，我在书房看书，突然听到外面电视响了，放的正是桐桐的儿歌。妻子不在家，奶奶也刚出去了，这是谁放的呢？

我走出来，看到桐桐趴在碟机旁，正在仔细研究着。电视里已经在唱了，桐桐见我出来了，兴奋地说："爸爸，你看呀，你看呀。"

我看了看她，一岁半的孩子，竟然摸索着打开碟机了，很有点惊奇。我说："呀，桐桐，你会开碟机啦，能自己放歌了，这么厉害呀！"

桐桐见我夸她，又开始示范给我看。她先把电视的电源打开，再把碟机的电源打开，再开仓，选碟片，把她的儿歌碟片放进去，关仓。整个流程一点儿也没错，我不禁暗自称奇。想必，她每次要看碟了，都全程跟踪看我们的操作，竟然学会了。

妻子回家后，我就跟她说这件事，她一点都不相信。桐桐演示过一遍后，大家都相信了。一时间，家里的人都在夸桐桐会开碟机了。她也有了一个新爱好，没事就去打开，再关上，再打开，再关上。有时候，妻子和母亲在看电视，她也去打开，再关上，结果大家都看不了电视了。

妻子见状，便出来阻止。每次桐桐一靠近，妻子便说："桐桐，不要打开了，这样不乖哦。"桐桐却很固执，她不听劝，偏要打开再关上。这样，妻子训得更凶了。

后来，桐桐再操作时总要摸索半天，才能够操作正确。她不是按错这个，就是按错那个了，整个过程全混乱了。操作时，她也是犹豫不决的。

我看看桐桐的样子，猜测她是犯迷糊了。前两天，她只要一打开，大家都会夸奖她。现在，她一打开，怎么大家都批评她，说她不乖呢？

我们的态度前后不一致，一时允许她来，一时又不允许。桐桐还太小，不明白这是为什么，便误认为是自己做得不好。这样一来，她就对操作不自信了，开始怀疑，是开这个，还是那个呢？如此一来，就常常出错了。

看着桐桐焦急出错的样子，我跟妻子商量，以后，允许孩子活动的空间，"可以"还是"不可以"必须前后一致。界限清楚后，才能让孩子觉得"有规则就必须遵守"，才能形成安全感，这样，孩子才能更快适应操作环境，变得更自信。

你不乖，打你！

> 婴幼儿的打人现象，往往是成长的标志。这时期是孩子独立、自信、意志、想象力等发展的关键期，也就是婴儿的第一个反抗期。

桐桐一岁多时，学会了走路，活动范围变大了，话也变多了。有一段时间，她总会气冲冲地走到一个娃娃旁，拍它一下说："你不乖，打你！"神情有点像妻子。

有一天，陪桐桐在外面玩的妻子说："桐桐，我们回家吧。"说完抱起了她。结果，小家伙"啪"的一声，一巴掌打在了妻子脸上。妻子刚准备说话，她又"啪啪啪"地打了起来。无奈之下，妻子只好抓住她的小手，把挣扎中的桐桐抱回了家。

一进门，妻子就生气地说："桐桐会打人了，刚才打我几耳光了。跟谁学的呀，没有谁这样教她呀，真气人！"我笑着说："很正常，小孩子都有这个时期的，不必太紧张。"

晚上，我在看书，桐桐要我抱她。我只好抱起她放在腿上，她又说："爸爸，镜镜。"我赶紧取下眼镜，准备递给她。不料，我刚取下来，她"啪"的一巴掌，就打在我脸上了，还说："你不乖，打你！"

别看桐桐人小，手还真重，我脸上有点火辣辣地疼。见到这一幕，妻子和母亲都揶揄说："看，都能打老子了，真是能干了。"

我看了桐桐一眼，她正在研究着我的表情。我轻声说："宝贝，打人是不对的！"桐桐笑了，没说话。

我想，桐桐现在还不懂道理，这样打人又很不礼貌，我该怎么办呢？还没容得我想出好办法，桐桐的打人现象更严重了。

又有一天，妻子带桐桐去广场玩，她见到一个比她小的孩子，走上去就给人一巴掌。小孩子"哇哇"地哭了，妻子一边训桐桐，一边向人道歉。一时间，弄得很狼狈。

这一次，妻子更生气了，她忧虑地说："桐桐是不是有问题啊，怎么这么爱打人了？"

我说："她没问题，是我们的教育方式出了问题。"

妻子看着我。

我说："最近，我也查阅了一些资料。书上说，婴幼儿的打人现象，往往是他成长进步的标志。这时期是孩子独立、自信、意志、想像力等发展的关键期，也就是婴儿的第一个反抗期。所以，桐桐的表现，说明她正在慢慢长大，以'我'为中心，心中没有他人。"

妻子说："那怎么办呢？我都拿她没法子了。"

我说："桐桐打人，可能是想得到大人的关注，或者想和小朋友交流，不会表达；再者是有了负面情绪要发泄。"妻子点点头。

我说："她打我们时，我们要多关心她，让她知道我们很疼她，是关注着她的。以后，见到小朋友，要教她和人打招呼，学会交朋友。如果是生气了，乱打人，就先让她发泄情绪，完了就好了。"

我也特别留心，陪桐桐玩时，故意玩一些引导她的游戏。

有一次，我拿着小熊说："小熊，我是桐桐，我想和你玩。你不要不理我，不然我会很生气的。但是，我不会打你，也不踢你。打人很痛，我是乖宝宝，我不打人。"

桐桐也轻拍小熊说："做朋友啊，不打人，好痛啊，'呜呜呜'哭。"

我说："对，乖宝贝不打人，小熊会疼的，会哭的，多伤心啊！"桐桐露出了怜悯的眼神，仿佛小熊真的痛了，很伤心。

后来，桐桐在外面玩，又一次打人了。当时我在场，我马上严肃地说："桐桐，打人是不对的，乖宝贝不打人，来！给小妹妹道歉，你看她哭得多伤心。"说完，我就抱起那个小孩子，一边拍一边说："姐姐不乖，姐姐打人，妹妹不哭了。"

桐桐见我关心小妹妹，眼圈一下子红了，她哭着说："不打了，不打了！"

我见状，赶紧放下小妹妹，拍着桐桐说："那好，桐桐要做乖宝贝了，桐桐说不打人了，爸爸听了真高兴。"我把桐桐搂在了怀里。

自从经历了这件事，桐桐收敛多了，在小广场上玩，对别人都挺客气的。桐桐在我和妻子的调教下，慢慢学会了与小朋友打招呼，也不再打人了。

我只吃了一小颗

一些概念在孩子的字典里并不存在，因而才要大人耐心去教，倘若孩子因无知而犯了错，却被大人扣上了"帽子"严厉斥责，不仅可能给孩子的心灵留下伤痕，还可能引起孩子的叛逆心理而导致其一错再错。

有一天，我要去逛超市，桐桐也喊着要跟去，我便带上了她。她还小，走进超市，看到满眼的商品，兴奋地在货架间跑来跑去。

我挑选好了东西，正要付钱，却发现桐桐不见了。我很着急，赶紧转身寻找。找了一圈后，终于我在卖糖果的地方看见了桐桐。

她面前有一袋话梅，袋子口是敞开的。桐桐好像在嚼什么东西，一会儿吐出了一颗核。天哪，桐桐正在偷吃话梅呢。我急忙走到她身边，当她正想要往袋子里取话梅时，我抓住了她的小手。我气愤地说："桐桐，这是超市的东西，不能随便乱拿的。"桐桐一脸无辜地说："他们也是随便拿的呀。"

我知道，桐桐所说的"他们"是指别的顾客，大家都在自顾自地挑选自己要购买的东西，桐桐也在模仿。

我说："宝贝，你可以拿，但是不能随便吃的。你要拿着先去柜台付完钱，才能吃呢。"桐桐听了，变得紧张起来。她说："爸爸，我只吃了一小颗。"我笑了，说："放轻松点，不用紧张，下次可不能再随便吃了。你喜欢吃话梅吗？喜欢的话，爸爸给你买。"桐桐使劲地点了点头。

我拿了一个袋子，用勺子舀了一些话梅，放在袋子里。让服务员称重后，我拿着话梅来到收银台结账。结完帐后，我把袋子递给桐桐，说："桐桐，爸爸付过钱了，现在你可以大胆地吃了。"桐桐还是有些紧张，她说："爸爸，我还要从袋子里取一颗话梅，还回去吗？"

收银员阿姨听到后笑了，她说："小朋友挺可爱的。这次不用还了，尝一颗没事的，下次不要这样就行了。"

这是桐桐第一次偷吃超市的东西，也是最后一次。我心里清楚地知道，桐桐只是因为不知道超市里的东西不能随便吃，她实际上并不想"偷"吃。所以，发现出状况后，我没有说一个"偷"字。

那时，桐桐虽然还小，但也知道偷并不是一件光彩的事情。如果我因为这事呵斥她，她肯定会既内疚又伤心的，甚至还会留下阴影。

从超市回家的路上，我对桐桐说："以后，你去逛超市，有想吃的东西，就跟爸爸说，爸爸给你买下来了再吃，好不好？"桐桐点了点头。

孩子出于喜欢或是有好奇心偷了东西，父母不要使用"偷"这个字眼。他们只是喜欢，想占有它，这种行为完全出于无知，他们并不是想偷，因为他们的头脑里甚至还没有"偷"这个概念。

我经常看到这种情景，孩子因为太小，不懂事，一走进超市就到糖果摊子前，拿起糖果剥了皮就塞到嘴里。有时，是售货员看到了过来制止，也有父母看到了过来训斥。他们所用的字眼中，都有"偷"这个字。

售货员会说："小孩子，不许偷吃东西。"父母会说："你这孩子，怎么能偷吃东西呢，真是太不像话了，看我怎么收拾你。"

说的人可能无心，但听的人有意。孩子就这样被扣上了"偷窃"这顶帽子。

有一次在超市，我看到一个小女孩拿了一颗糖吃，她妈妈发现后一声尖利的叫喊，把女儿给吓哭了。妈妈教育孩子不能偷吃超市里的东西，是没有错的，但是要注意教育的方式和方法。

如果孩子太小，只是出于无知和好奇，不小心吃了东西。父母可以告诉孩子：东西在没有结账之前，是不能吃的。孩子有了这个常识后，下次就不会再犯类似的错误了。倘若父母狠狠地训斥孩子，一是在孩子的心灵上留下了伤痕，二是让孩子有了犯罪感。甚至，有的孩子，因为被训斥了，处于叛逆心理，自此喜欢上了"偷窃"。这样的后果是很惨重的。

是我自己撞的

如果孩子在小时候就学会了推卸责任，长此以往，你能指望孩子成年以后，成为一个懂责任、愿意为自己过错负责的人吗？

今天，是桐桐四岁的生日。我们早就为她定制了一个精致的蛋糕。

桐桐跟我说："爸爸，我待会儿要许一个很大很大的愿望。"我赶紧说："行，我们都想知道你的心愿呢。"

一大早，奶奶就上市场了，她知道桐桐最爱吃小龙虾。所以，她想去早点，给桐桐买最新鲜的小龙虾回来。

桐桐生日，主角就是她，我们的任务就是让她玩得高兴，吃得爽口。我怕桐桐跟我们这一群大人玩没趣，还专门邀请了她的三位玩伴小米、丁丁和雪莉以及他们的父母。

吃完早餐，十点都没到，门铃就响了。我去开门，是三位小朋友在家长的带领下结伴过来了。

雪莉的妈妈说："成老师，我们家雪莉最爱到你家来往，还经常说成老师你比他爸爸还好呢。"我笑笑："那是雪莉的表现好。她脑子很活跃，还弹得一手好钢琴，我喜欢她。"其实，雪莉是很讨厌弹钢琴的，但是来我们家玩过几次后，现在主动嚷着要学习了。

三个孩子中，雪莉是最大的，有五岁了，小米和丁丁同龄。三个好朋友一到，桐桐乐得嘴都合不拢了。她拿出自己的宝贝玩具，向大家展示。但是，只要孩子们聚在了一起，这些玩具就变得不重要了，孩子们才是主角。

丁丁最调皮，一直扮演"老鹰"、"大灰狼"等凶狠的坏角色。几个女孩子被他追得满屋子乱跑，尖叫声、欢笑声充满了每一个房间。

玩了一会儿，桐桐说："我们去玩小龙虾吧，全是活的，很能夹人呢。"孩子们听见桐桐说有活的小龙虾，都嚷着要看。奶奶赶紧带着他们走到厨房，指着水桶说："看，都在这里呢。"

丁丁胆子大，马上就把手伸进桶里捞起了一只。三个小女孩看到龙虾挥舞着大钳子，一副耀武扬威的摸样，都吓得赶紧往后退步。丁丁看到她们都被吓住了，精神头更足了，抓住桐桐就说："桐桐，我是大龙虾，我要把你吞下去。"

桐桐曾被龙虾夹过一次，心里很害怕，起身就要逃跑，结果因为太慌张，一不小心头撞到了门角上，"哇"地就哭了起来。

看到桐桐哭，丁丁吓坏了，他赶紧说："桐桐，对不起，我就是想逗逗你，可不是故意的。"桐桐一边哭一边说："我没怪你，是我自己撞上去的，就是太疼了。"

我们都赶了过来，看到桐桐的额角上都撞出血来了，难怪她哭得那么大声，直喊疼。奶奶看到这一情景，赶紧拍了两下门，说："你这坏门，敢撞我的宝贝桐桐，看我怎么好好地收拾你。"妻子找来了创可贴，用棉花擦干净血迹，给她贴上了。

桐桐一直是个很坚强的孩子，但是她的爱哭也是出了名的。她不害怕打针，但是只要真的疼，她就会大声哭，但哭过就没事了。

奶奶还想打门，桐桐拉住奶奶的手，说："奶奶，别打门了。爸爸说，如果我不小心撞到了门，是我把门弄哭了，不是门把我弄哭了。"看到女儿边哭边跟奶奶解释的模样，我不禁回想起了以前。

每次，桐桐遇到这种事，我总会让她从自己的身上找原因，不把责任推卸给别人。一开始，我是劝她：你被撞疼了，不要责怪这些物品。它们一直都好好地呆着呢，并没有乱跑，是你自己不小心撞上了它们，所以，你要跟它们说"很抱歉，我撞着你了"。当时，桐桐似乎听懂了，也就记下了我说的话。

她的表现，让我很高兴。她没有责怪是丁丁吓到她，也没有责怪门，而是说自己撞上去的。她虽然才四岁，已经知道：有些过错，需要由自己来承担。我夸赞桐桐说："是啊，桐桐下次要小心点，跑的时候要看清楚周围的东西，不能太匆忙。"

小朋友们走出了厨房，重新来到客厅里玩。没过五分钟呢，桐桐又笑得像朵花似的。额头上的疼痛感减轻了，她又把注意力转移到了游戏上。

这件事让我开始思考一个问题：大家都认为，责任心是对成人的要求，果真如此吗？倘若父母从小就教会了孩子推卸责任，长此以往，你能指望孩子成年以后，成为一个愿意为自己的过错负责，会承担自己应该承担责任的人吗？我想，可能性不是很大吧。

我现在对桐桐的这种教育，就是要早早地给她上这一课：要学会为自己的过错负责。

擦鼻涕

> 作为父母，本应该明白，要给孩子一份尊严，让孩子活得更自信，可是，我们常常忽略了孩子的尊严，轻易地践踏它，造成了对孩子太多的伤害。

孩子在成人眼中，是弱者的代表，是需要照顾的对象，有许多"不能"、"不足"的地方。成人总是在不经意间，鄙视羞辱着孩子的举动，让孩子有了弱者的感觉。

回忆童年时，我发现，儿童有着强烈的尊严感，这种感觉要强于成人。

有一次，我去参加宴会。席间，一个四岁的小男孩吸引了我的目光。冬天，天气有点冷，不一会儿，小男孩的鼻涕就流下来了。一时间，他不知道如何是好，就赶紧用袖子擦。他的这个举动，马上被妈妈发现了。女士赶紧大声说："呀！你怎么不讲卫生啊，用袖子擦鼻涕，多脏啊！"

妈妈的谈话，吸引了其他客人的眼光。顿时，几个人的目光聚焦在了小男孩身上。几个大人的脸上露出了鄙视的神情。小男孩马上扭怩地低下了头，样子十分难过。

席间，每一个人的表情都很淡漠，觉得这一幕很正常，没什么大不了。

我一直盯着男孩看，他足足低了一分钟的头，一直在摆弄着自己的手和裤子。男孩的内心世界里，肯定不似妈妈那般平静，此刻肯定是狂风暴雨，因为他的尊严刚刚丢失了。小男孩的沉默，正是在为自己的尊严而战。他不希望被成人鄙视，他想被尊重。他的这些默默的战斗，妈妈丝毫未察觉。

小男孩慢慢恢复了平静，他又活跃了起来，似乎忘记了刚才的羞辱。可是，大约十几分钟后，小男孩的鼻涕又流下来了。这一次，他小心翼翼地拿起了餐桌上的纸，开始笨手笨脚地擦鼻涕。我想，这肯定是他第一次如此慎重地擦着鼻涕。

妈妈一回头，又看见了他的举动，说："看你，笨手笨脚的。来，妈妈给你帮忙。"大家的目光再次聚焦到了小男孩身上。

此时，小男孩却倔强地一扭头，说："不用，我自己来，我会。"说完后，他就两下三下擦干净了鼻涕，还重重地把纸扔进了筐中。

这一次，成人的眼中没有了鄙视。大家只在他身上停留了几秒钟，就各自看其他地方了。妈妈也扭头不管他了。此时我看见小男孩的脸上浮现出了自豪的神情。

这只是个小小的细节，因为我喜欢研究儿童心理，所以比较敏感，捕捉了这个瞬间。我之所以关注，是因为我再次发现：儿童有着强烈的尊严感。

儿童世界里，有一种敏感的社会关系，即儿童有一种耻辱感，一种因为始终受到成人鄙视而产生的失落感。儿童对成人鄙视羞辱他们的举动非常敏感，这时常令儿童抬不起头。

似乎，成人瞧不起孩子，是一种再自然不过的事，谁都可以来鄙视，谁也可以在孩子面前炫耀一番。

孩子虽然小，却不如此认为。孩子们认为自己是有尊严的，是不容轻视的。所以，孩子为了捍卫尊严，在努力地成长、学习，一心想要进步。这种学习，不分好坏善恶，只要是能捍卫尊严的技能，孩子都会尽全力去学。

作为父母，本应该明白，要给孩子一份尊严，让孩子活得更自信，可是，我们常常忽略了孩子的尊严，轻易地践踏它，造成了对孩子太多的伤害。

如果有一天，你发现你的孩子又低下了头，就要反思：我是不是伤了他的自尊？

一个自信的孩子，需要有一种尊严感。一个有尊严感的孩子，往往更优秀。

静静地呆着

> 我知道，随着孩子年龄的增长，他们的情绪会越来越丰富，渴望独处的需求也越来越强烈。哪怕这样会让孩子离父母越来越遥远，不再需要父母，但我们也不应伤感，因为这就是成长。

一直以来，我都希望桐桐能把我当朋友，后来，我的确获此殊荣了，也知道了她的许多小秘密。可是，有一段时间我发现，桐桐喜欢独处了。我问她怎么了，她总说没什么事。

有一天晚上，桐桐坐在自己屋子里，非常安静，都不像她的作风了。我经过时发现，她正一动不动地坐着，整个人陷进若有所思的状态中。我出于好奇，走了过去，她似乎没有察觉到我的出现。

我关切地问她："你怎么啦？有什么烦心事吗？"桐桐见了我，有点排斥地说："没有什么啊，你不看书了吗？"我马上意识到，我侵犯她的私人空间了，赶紧说："要看的，我过去啦。"

回到书房，我依然在想桐桐。她才五岁，难道也需要"独处"了吗？看来，我平时和桐桐关系这么好，她对我还是有保留的，她还有她的"小机密"，还有"自留地"呀。我这个"爸爸朋友"，也是无权侵占的。

想到这里，我突然有些伤感，女儿慢慢长大啦。以后，她会长成大姑娘，也许不再和我亲昵啦。虽然这一天，不是明天，但它会慢慢地到来，悄无声息地降临。我虽然舍不得，但也要割舍下这份情怀，毕竟女儿需要成长呀！

有几次，我们全家出去旅游，站在美丽的山水风景前，桐桐也会出现若有所思的情形。

有一次，桐桐独自站在山边，一动不动的。妻子发现了，赶紧小声问我："桐桐怎么啦，呆在那里了。"

我赶紧阻止妻子说："别过去，让她独自呆一会儿吧。"

妻子看了看桐桐的样子，觉得有点滑稽，小声说："少年老成！"

我说："你别笑她。桐桐也有私人空间，她在那里做梦，我们谁都不要擅闯，哪怕是她的父母。一个经常这样独处的孩子，往往思维力更活跃啊！"

妻子说："是吗？我不信，看起来有点像小傻子似的。"

我看了她一眼，说："你不像个小傻子似的发呆，以后还真像个傻子了呢？"

妻子有点生气了，她说："你怎么拐着弯骂人啊？"

我说："我生你的气了，你一点都不懂孩子。你知道吗，一个常常这样独处的孩子，往往是独立而富有发现性的。他更关注内心的自我，愿意遵从个人喜好，选择最适合自己的方式生活。这类孩子不喜欢盲从，想像力和创造力更强。"

妻子说："是这样吗？一个小小的动作，能有这么多好处？"

我说："是，孩子也有独处的权利，这是孩子自我意识的觉醒，是孩子在与自我进行交流，我们做父母的，千万别去破坏，更别轻易嘲笑他们。"

妻子说："我看只有闲的孩子，才有功夫天天发呆。平时，桐桐在家忙的时候，从不见她这样发呆，这一出来玩，倒是常常看她在这样了。我还以为她出问题了呢！"

我说："你说得对。越是被父母精心照顾的孩子，独处的时间越少，所以往往没有时间与自我进行交流。他们只会忙于'专心'应付父母的任务，这类孩子，被剥夺了独处的机会。当然，在日后的生活中，他们也会循规蹈矩，活得缺乏创意。"

妻子说："但这类孩子听话，也学了很多技能啊！"

我说："技能也是别人创造的，你是希望桐桐做一个创造技能的人，还是一个学别人技能的人？"

妻子想都没想就说："当然是前者。"

我和妻子达成共识后，再看到桐桐静静地呆着，都不再打扰，让她享受这份独处的乐趣。

我知道，随着孩子年龄的增长，他们的情绪会越来越丰富，渴望独处的需求也越来越强烈。哪怕这样会让孩子离父母越来越遥远，不再需要父母，但我们也不应伤感，因为这就是成长。

孩子终会长大，有自己的梦想，朝自己喜欢的地方飞，做自己人生的主角，这是自然又正确的成长规律，顺从它，孩子才能活得更自我，更幸福。

我不想做自己了

> 每个孩子都会有一些缺点或劣势，有一些是无法改变的，例如相貌、身世。但是，每一个孩子也会有自己的优势，例如品德、个性、学识，父母要赏识孩子的优点，帮助孩子客观地评价自己。

有一天，桐桐独自出去玩，不一会儿，她哭着跑回了家。

她对我说："爸爸，雪莉她们都说我黑，我不想做自己了。"

我说："你的确长得比她们黑，但是，在爸爸眼中，你有很多她们没有的优点。你看，雪莉喜欢穿新衣服，喜欢攀比，你没有吧？这一点，你就比她强，是不是？"

桐桐想了想，然后点点头。

我又说："有好多人喜欢你呢，像刘老师、小米、乐乐、咪咪，是吧？这都表明，你有很多优点，很讨人喜欢，你怎么不想做自己了呢？"

我还说，与人交往，第一印象看相貌、衣着，但是喜欢上一个人，却要看他的品德、个性及学识修养。相貌和衣着是会改变的，但品德、个性、学识修养不易改变，更值得重视。

桐桐说："爸爸，我明白了，雪莉穿了一件新衣服，大家都夸她。我古筝弹得好，大家也夸我，其实是一样的，对不对？"

我说："就是这样，你也有值得大家夸的地方，而且比雪莉的更好。雪莉的新衣服会旧，你的琴艺只会越来越强，所以，以后别为这种事伤心了。"

这是桐桐第一次意识到，自己的黑在别人眼中是缺点。听别人说她黑，她感到又委屈又伤心。因为，黑是她改变不了的，她只有接受它，喜欢它，慢慢地淡化它。最后，将目光集中在令她感到骄傲的事情上，获得自信。

每个孩子都会有一些缺点和劣势，有一些是无法改变的，例如相貌、身世。但每一个孩子也都会有自己的优势，例如品德、个性、学识，这才是别人无法夺取的宝贝。父母要赏识孩子的优点，发自内心地赏识，让孩子客观地评价自己。

我拉着桐桐的手说："你多棒啊，你看，你现在能自己睡了，衣服全是自己穿的，不要妈妈帮忙，丁丁现在还不会呢！你是不是更厉害啊？"

我提到了这些事，桐桐马上意识到，她的确有很多优点。平时，妻子在外人面前说："桐桐现在单独睡了，还自己穿衣服呢。"大家听后，都啧啧称赞。这个时候，桐桐是骄傲的，很自信，觉得自己很能干。

虽然桐桐长得黑，不算很漂亮，也没有穿漂亮衣服，但她仍然是孩子群中的焦点。幼儿园里，桐桐有一帮自己的朋友，她要玩游戏，大家都爱和她一组。学习上，桐桐喜欢看书，讲的故事最生动，老师也常表扬她。这些事情，都让桐桐很有自信。

平时，我看见桐桐表现不错，比如，爱吃蔬菜啦，不挑食了，就会夸她有进步；会游泳啦，我会和她比赛，夸她技术不错；去书店选了一本好书，我也会夸她有眼光。慢慢地，桐桐也知道，在哪些事上她擅长，可以去发扬；哪些她不足，不要逞强。

桐桐不关注谁又买了一件新衣服，而是关注谁又学会了什么新东西。每次，她又发现谁学会了什么新东西时，总会激起强烈的好奇心，立马要求去学。她的这类要求，我总是大力支持，希望帮助她快快成长。

桐桐三岁左右就会游泳和滑冰了，后来又学了古筝、自行车和滑板。每次她只要想学，我都支持她。同时她有成绩了，我也真心地赞赏她。桐桐拥有别人无法夺取的宝贝也越来越多了。

懂礼貌的小孩

父母往往是等孩子触犯礼仪后，再来纠正或训斥。而正确的做法是，父母要在孩子的成长过程中，将礼仪织入点滴的生活。礼仪不是学来的，而是熏陶出来的。

有一天，妻子的同事小刘结婚，她带桐桐去了。桐桐经常参加妈妈公司的活动，许多人都认识她，同事的孩子就更不用说了。每每这个时候，一帮小家伙是活动中最热闹的一群人。

一进酒店门，刘叔叔就问："哟，桐桐来了。"桐桐点点头说："刘叔叔，祝你新婚快乐！"刘叔叔赶紧夸桐桐懂事，很有礼貌。妻子看她落落大方的样子，也笑了。

马上，桐桐就和小朋友们打成了一片。她还在婚礼的司仪面前跑来跑去，婚礼成了这帮孩子的乐园。

桐桐听到司仪说："你们将成为合法夫妻……"，她跑来问妻子："什么叫夫妻啊？咪咪姐老喊小辉哥'老公'，但他俩又没结婚，他们是夫妻吗？"

妈妈笑着说："他俩是叫着玩的，不是真正的夫妻。如果拿了结婚证，举行了婚礼，才成为合法夫妻，就像爸爸和我。"

桐桐点点头说："我明白了。那妈妈，是不是成了夫妻，就可以生小宝宝啦？"

妻子点头说："嗯，是这样的，桐桐真聪明。"

桐桐马上说："那我又快有一个小弟弟或小妹妹了，我好想和他玩啊。"

妻子说："现在还没有呢，不过会很快的。你先和那些小朋友去玩吧，等刘叔叔将来有了小宝宝，我们再来看他们。"

王阿姨的儿子小迪小桐桐一岁，两个人很要好。今天一见面，两个小家伙就难舍难分了，桐桐一直牵着小迪的手。

开饭了，服务员开始上菜。桐桐牵着小迪赶紧选好了座位。第一道主菜是广东白斩鸡，服务员刚把盘子放稳，只见桐桐一下子站了起来，一双筷子直奔白斩鸡的大腿，动作之麻利，满座人皆叹服。顿时，大家都盯向了这双筷子，脸上都流露出"这孩子太不懂礼貌了"的神色。妻子的脸也僵住了，衬着她漂亮的衣服和发型，显得十分尴尬。她正想说"桐桐你太不懂礼貌了"，只见桐桐夹住的鸡腿，"啪"地一声落在了小迪的盘子里。

顿时，满桌人大笑，都说："桐桐还真会照顾人，真懂事。"妻子一场虚惊，又来了个惊喜，情绪很波动。她爱抚地拍了一下桐桐的头，桐桐望着妻子说："小迪说了，他最爱吃鸡腿。"妻子赶紧说："桐桐真棒，宝贝也吃吧！"大家和妈妈这么一夸，桐桐倒有点不好意思了。她低着头，用心地吃着妈妈夹的菜。

一回家，妻子就跟我讲述了这惊险的一幕。我看着妻子的神情说："现在你终于知道了，你的女儿是真懂礼貌了吧？"本来，妻子就不该这么怀疑桐桐，看来她还是不够了解桐桐啊。

一个孩子，如果常受礼仪的熏陶，他会自然地把礼仪运用于生活。我们要培养的是一个心存礼仪的孩子，不是一个模仿礼仪的孩，唯有如此，在任何场合，他才会在遵守礼仪中流露出他的真性情。

现实中，父母往往是等孩子触犯礼仪后，再来纠正或训斥。而正确的做法是，父母要在孩子的成长过程中，将礼仪织入点滴的生活。礼仪不是学来的，而是熏陶出来的，生硬的礼仪说教效果并不好。

你不是我唯一的朋友

如果父母忽略了培养孩子的宽容心，自己在日常行为中也缺乏宽容，那么孩子就无从体会宽容的含义，可能会出现斤斤计较、易走极端的性格特点。没有宽容心的孩子，人际关系往往很差。

有一天，妻子回家抱怨："刚刚在电梯里，一个人边吃雪糕边说话，口水都溅到我新衣服上了。"

我问："你不会说人家了吧？"

妻子说："我说了，她也道歉了。怎么啦？"

我说："人家又不是故意的，你何必呢？"

妻子说："我又错了吗？你怎么总爱批评人啊？"

我说："你这叫没有宽容心，小心影响了桐桐，斤斤计较的，多不好。"

桐桐听到我们说话，也走了出来。桐桐有点不开心，说："爸爸，我今天也和人吵架了。"

我赶紧问："怎么啦？和谁？"

桐桐的表情有点愤怒，她说："是小米。"

我说："你俩关系挺好的，怎么闹矛盾啦？"

桐桐说："我今天说'你不是我唯一的朋友'，小米就哭了，大家都以为我欺负她了。我真是委屈，我不想和她玩了。"

我赶紧说："小米哭了，大家误解你了，桐桐就难过了。但是，小米是因为在乎你，才觉得你的话伤害她了。她是把你当朋友才会这么伤心的。你得原谅小米，虽然她给你造成了误会。"

桐桐说："可是我心里就是不开心。"

我劝她："那你现在把自己当成小米，如果是她对你说了这样的话，你会怎么想呢？"

桐桐说："她不会说的，她说我是她唯一的朋友。"

我说："如果她说了呢？"

桐桐想了想说："她要是真说了，我肯定也会生气的。"

我笑了，说："对吧？这就说明小米哭了，是很自然的情感反应。所以，你以后不能说这种话了，她是你朋友啊！还有，你还生她的气吗？"

桐桐不好意思地笑了，她说："爸爸，那我明天要跟她道歉吗？"

我说："这就不用了，你只要继续做她的朋友就行了。"

这件事情，我原本可以置之不理，毕竟是孩子的小纠纷。但是，我停了下来，细心地陪桐桐聊天，知道了事情的来龙去脉，帮她理清了思路，辨明了是非。

我发现，在这件小事上，桐桐是欠缺宽容心的。她很在乎自己的感受，但没有去想对方的感受，所以无法原谅小米的哭泣。我没有责备她，只是引导她换位思考，让她理解了小米，知道小米是一片真心。

孩子间矛盾多，原因是理性思维能力不成熟，感性思维占了上风。孩子之间没有隔夜仇，表明他们生来都具备宽容人的能力，只是有没有被激发，被培养成宽容心。宽容心不是天生的，它是孩子在模仿成人，或自身摸索后，慢慢形成的。

如果父母忽略了培养孩子的宽容心，自己在日常行为中也缺乏宽容，那么孩子就无从体会宽容的含义，可能会出现斤斤计较、易走极端的性格特点。没有宽容心的孩子，人际关系往往很差。

回到房间后，妻子笑着说："你挺细心啊，愿意帮桐桐解开心结。"

我说："我是怕桐桐将来和你一样，对一些小事太计较，不懂得宽容。"

妻子的脸色马上就变了，她说："你怎么总提这件事，你也挺小心眼的。"

我赶紧说："好啦，以后再不说了。你也注意点，有些小事，不必太介意，这样你的心情也会好很多。"

妻子说："宽容心有那么好吗？"

我说："当然。就拿孩子来说吧，富有宽容心的孩子，往往心地善良，性情温和，惹人喜爱，受人拥护；而缺乏宽容心的孩子，往往性情怪诞，易走极端，不易与人亲近。"

妻子听后说："原来这样啊，那我以后一定注意，我也希望桐桐是个富有宽容心的孩子。"

我也点点头。

当好孩子的"着墨人"

孩子的性格就像是一张有了底色的空白纸。比如，有的人底色是
红色，有的是蓝色，有的是粉色。但是，这张有了底色的空白纸上，
作出何种图画，要看着墨人的技巧了。

每一个成功者，都离不开一个好性格的支撑。有人说，李嘉诚的发迹，
源于他果敢决断的性格。他在生意中，能进则进，不能进速退，毫不拖泥带
水。他给自己赢得了时间，同时也把握了机遇。作为一个生意人，这种性格是
非常必要的。

学术界，有许多令人敬佩的大师。一方面，他们有高超的专业水平，另
一方面，他们有独特的人格魅力。这样，大师才能在名、利中立稳脚跟，做好
学术，成为一代宗师。

谁都知道，性格不完全是天生的，后天环境影响也发挥着重要的作用。
谁是孩子的第一任性格塑造师呢？当然是父母。

孩子的性格就像是一张有了底色的空白纸。比如，有的人底色是红色，
有的是蓝色，有的是粉色。但是，这张有了底色的空白纸上，作出何种图画，
要看着墨人的技巧了。这个着墨者，主角是父母，配角是社会及他人。

人的性格形成，是由于外界事物的刺激，人格中的五大轴线，即外向
性、神经质、尽责性、开放性和随和性，是逐渐定型的。每个人对刺激的反
映，在五大区中的表现是不同的，所以，人的性格是不可复制的。

外界的刺激与父母关系密切。家庭氛围，亲子交往模式，父母的人生观、世界观等因素，都是经常刺激孩子的因素。所以，首先，父母要注意自己给予的刺激因素；其次，父母要引导孩子正确看待刺激。这是一个很复杂的过程，但是，如果父母理念正确，就能够自然而然地给孩子最好的刺激，并引导孩子用正确的态度，看待生活中的各种刺激。

记得有一次，桐桐回家后很生气，我问她出了什么事，她拿出一张试卷。我看了一眼，上面写着98分。有一个选择题错了，扣了两分。

我问：“怎么啦？”

桐桐说：“老师今天讲试卷时，发现选‘B’是正确的，老师给我判错了。”

我说：“你的意思是，你应该得一百分，对不对？”

桐桐说：“嗯，我复习时很认真，可惜这次还不是第一名。我不服气。”

我说：“那你想去找老师吗？”

桐桐说：“不想去，太丢人了，这只是一次单元测试。”

我说：“宝贝，你弄错了。你最应该在乎的，不是你得了多少分，而是这道题你会不会做。会做了，老师判错了，那是老师犯的错，不是你的错。将来的考试中，你碰上这道题了，你仍旧会得分的。”

桐桐说：“可是第一名哎，我没有得到。”

我说：“第一名是个假东西，不能跟着你一辈子。你学到的知识才是真东西，永远不会抛弃你。你的眼睛应该看这里，这样，你就会感到高兴了。因为，你的确是全做对了呀，你就是第一名，对不对？”

桐桐听我这样说，慢慢低下了头，最后小声地说：“爸爸，我错了。”

我说：“没事，你今天明白了，以后就不会这样想了。时间一长，你常用这种心态看成绩，不在乎分数，只在乎收获，这样，你才能一直进步呀。”

桐桐点点头。

对生活中的一些小事情，孩子也会有各种态度。我们影响了孩子的态度，就间接影响了孩子的性格。教育塑造性格，正是通过这种途径。

不给孩子金山银山

> 人的童年期，正是铺设一条条轨道的时期。吃、穿、住、行、学、思等活动，都能成为孩子独特的个人习惯。儿时养成的良好习惯，影响人一生的轨迹。习惯决定命运，正是这个道理。

好习惯，就像一条火车轨道，一旦铺设成功了，就可以按轨道走向人生的高处。生活中的所有习惯，都是一条条火车道，一旦进入轨道，便会不自主地依轨道运行。

人的童年期，正是铺设一条条轨道的时期。吃、穿、住、行、学、思等活动，都能成为孩子独特的个人习惯。儿时养成的良好习惯，影响人一生的轨迹。习惯决定命运，正是这个道理。

有一位朋友跟我说，他特别喜欢下围棋，每天傍晚，他都要找人杀一局。后来，他有了儿子，儿子长大了，他就教他下棋。自从儿子学会了围棋后，每在傍晚，他都要和儿子杀一局。父子俩不知不觉就已经拼杀了大半年了。这时，朋友发现，每天一到傍晚，不用他提醒，儿子就主动铺好棋盘，坐在桌子前，要求和他杀一局。

儿子的这个习惯，是近半年里养成的。以前，儿子傍晚以后，会和同学或朋友出去玩。现在，他会先和爸爸下一局棋，然后再做其他的事。

一个行为，当你重复了一定次数的时候，就形成了一种习惯。如果轻易改变，会觉得心里很难受，许多力量在拉着你，要你重新回归轨道。这种力量，正是习惯的力量。

当然，一个好的习惯一旦养成，习惯者花费最小的力气，就能轻松地驶向目的地。好的学习习惯，让孩子能轻松高效地学习；好的作息习惯，让孩子自然而然地维护了身体的正常生物钟；好的饮食习惯，给了孩子一个好身体。

将来有一天，父母年事已高，不能再悉心照顾孩子了，但是，父母为他培养的好习惯，依旧像一个忠诚的老仆，夜以继日地照顾着孩子。有人说：如今的父母，给孩子金山银山，不如给他一些好习惯，这确是金玉良言。

桐桐刚开始走路，我就引导她，要走稳，要会看脚下的路，摔倒了，自己爬起来；桐桐开始学吃饭了，我又谆谆教导，什么都要吃一点，什么颜色的食物都吃一点；桐桐要上学了，我就告诉她，要爱护眼睛，要多看课外书，听课要认真。

我的每一声嘱咐，都是一种暗示，都是一种希望，希望她能够采取相应的行动。有的，桐桐很高兴，马上就行动了；有的，她还排斥，就需要逐渐疏通，反复实践，直到成为一种习惯。

桐桐半岁多时，我常常和她一起看婴儿图书。她一边翻，我一边指点着教她识物。桐桐一岁多，我们开始一同看画报，让她听我讲故事。两岁多，她自己到处找书看，尤其是带图的书。三岁多，桐桐看着图就能给大家讲故事。

如今，我没有特别强调课外阅读很重要，但是她已经养成了阅读的习惯。每天晚上，她在睡前都会自觉地拿起书，看一会儿再睡觉。

我知道，在桐桐往后的成长岁月中，不用爸爸提醒，她也知道阅读是成长的捷径。一些好的习惯，越早形成，它的持久力越强。一个童年就养成阅读习惯的孩子，阅读会成为他的终身爱好。

播下一种行动，收获一种习惯。习惯是有目的地培养，有计划地实行，是慢慢养成的。

长不大的"大孩子"

> 搀扶下，培养不出独立的能力。孩子在摸索前行中，父母可以指引，但不能去搀扶，更不能代劳。

我有一位朋友，是一所大学的教授。他常常向我感叹，现在的孩子，学问倒是知道的不少，道理也懂，就是在能力上有些欠缺。

朋友说，每一年，班上总会出现父母陪读的孩子。有一个孩子，成绩一直不错，能说会道的，可是自理能力非常差。他的母亲来陪读，专门负责打理他的生活。

我说，这样的孩子毕竟是少数。朋友却说，就算是少数，也反映出问题很严重。他说有一年，他做了带班辅导员，走入一些学生的寝室，发现东西、鞋子到处乱扔。他非常接受不了，但是看那些孩子，一个个活泼可爱的，实在无法跟本人相连系。

我笑着说，这是一种普遍现象。现在的孩子，个性很随意，很在乎个人的感受，自己觉得舒服就行了。朋友说，他觉得如今的孩子，不会打理自己的生活，正是自理能力欠缺的表现，一定是小时候被过度照顾，导致如今不懂得照顾自己。

转眼间，那些被照顾的孩子长大了，也开始为人父母了。这个时候，他们才开始迅速成长，正如现在的80后和90后。

孩子的能力，要在父母放手后，才有成长的机会。常听一些孩子说，上大学后才开始学洗衣服。刚开始，用洗衣粉泡一泡，揉一揉就提起来了。洗过几次之后，才开始慢慢找技巧，渐渐学会了洗衣服。

从年龄上看，他们已经成年了，从动手及做事的风格来看，他们还像个孩子。如今，这种大孩子越来越多。许多人，年龄上已经三十了，心理年龄还停留在十八岁。

听妻子说，她们单位有一位女同事，三十多了，还没有结婚。每次碰到什么不顺心的事，都会打电话向妈妈哭诉。电话那头的老母亲，一定也是好言相劝，安慰这个大孩子，直到她恢复平静。

这种怪现象，是不是只有中国才有，我不清楚。但是，肯定与孩子童年的教育有关。照顾过度，让孩子不想自立，也不愿摆脱对父母的依赖。无论大事小事，自己都拿不定主意，想找父母商量一番。

这样的孩子，是长大了还是没长大？从生理上看，他们长大了，从心理上看，他们还小。父母应该给孩子爱，但如果爱要演变成这样，还是不要的好。

我曾经看过一则新闻报道，讲一个大学生毕业了，去找工作，还要带上妈妈。每一次应聘时，妈妈也会出马，帮孩子看一看公司的情况如何。最后的交流，都成了面试官和妈妈的交流。这样的情景，不知道是悲剧还是喜剧。

孩子要想掌控自己的人生，必须具备各种能力。能力是实现个人理想的武器，没有能力，一切理想最终沦为空想。依附于父母身上的人生，叫做寄生，是一种悲剧人生。

每一个有孩子的父母，都应该想一想：我的孩子够独立吗？我的孩子离开了我，能够照顾好自己的生活吗？如果孩子不可以，就要反思，是不是自己包办太多了。

搀扶下，培养不出独立的能力。孩子在摸索前行中，父母可以指引，但不能去搀扶，更不能代劳。

能力培养的问题，本是个从小就应注意的问题。出现"大孩子"的问题，是父母的错。